MOSHE ZIMMERMANN

NIEMALS FRIEDEN?

Israel am Scheideweg

PROPYLÄEN

Denk ich an meine Enkel in der Nacht …

INHALT

VORWORT: PESSIMISTISCH, ABER KONSTRUKTIV

Der Garten hat geblüht, die Sonne hat geleuchtet.
Und der Schächter hat geschächtet.

Diese Zeilen aus dem Gedicht des israelischen Nationaldichters Chaim Nachman Bialik »In der Stadt des Schlachtens« (1903) kennt jeder Schüler in Israel, wie auch die Fortsetzung des Gedichts:

Und weiter noch, viel furchtbare Geschichten,
Die löchern deinen Kopf, verbrennen dir den Sinn
Und töten dir auf ewig deine Seele.
Und du erstickst im Hals dein wildes Brüllen.

Diese Verse senden dem israelischen Schüler wie jedem anderen Leser eine klare Botschaft: So sieht das Schicksal der Diaspora-Juden aus, wenn sie sich nicht nach

Palästina retten. Seit dem 7. Oktober 2023 kommen diese Verse jedem Israeli in den Sinn, jetzt allerdings mit Bezug auf das, was sich in seiner unmittelbaren Nähe, nur etwa eine Stunde entfernt von Tel Aviv oder Jerusalem, ereignete.

Was an diesem 7. Oktober entlang der Grenze zwischen dem Gazastreifen und dem benachbarten Gebiet auf israelischem Territorium geschah, ähnelte einem Vulkanausbruch: Der angeblich schlafende Vulkan Gaza explodierte, was zu einem regionalen Erdbeben führte. Zwar war es seit 2006, seit die islamistische Terrororganisation Hamas die Macht im palästinensischen Gazastreifen übernommen und den Raketenbeschuss auf Israel systematisch vorangetrieben hatte, immer wieder zu kriegerischen Auseinandersetzungen zwischen Israel und der Hamas gekommen. Etwa alle zwei Jahre kam es zu Militäroperationen, die einige Wochen andauerten, worauf wieder eine relative Ruhephase folgte. Doch der Überfall vom 7. Oktober 2023 war nicht lediglich eine weitere gegen Israel gerichtete Provokation, auch nicht nur ein präzedenzlos brutaler und grausamer Angriff auf israelischem Territorium – das Massaker entfesselte einen Krieg, an dem die gesamte Region direkt oder indirekt beteiligt ist. Sogar die Großmächte, allen voran die Vereinigten Staaten, konnten nicht untätig bleiben. Iran zieht die Drähte, die bis nach Libanon oder Jemen reichen, Amerika muss also im Mittelmeer wie im Roten

Meer Präsenz zeigen. Nicht ohne Grund wurde im Zusammenhang mit der Katastrophe des 7. Oktober 2023 die Erinnerung an die Terroranschläge vom 11. 9. 2001 in den USA oder sogar an Pearl Harbor 1941 wachgerüttelt. Diese Vergleiche und Assoziationen zeigen, wie tief der Schock nicht nur in Israel sitzt und wie stark dieses Erdbeben auf der weltpolitischen Richterskala wirkt.

Schaut man auf die wütende Reaktion Israels, so stellt sich sofort die Frage nach der Alternative: Musste es wirklich so weit kommen? Gab es keinen Weg, den Konflikt anders und weniger gewaltsam auszutragen? Hätte es vielleicht sogar eine Chance gegeben, ihn zu beenden? Um diese entscheidende Frage zu beantworten, reicht es nicht aus, über kurzfristige Alternativen zu sprechen, auch nicht über das, was sich unmittelbar vor dem Angriff ereignete. Ein historischer Rückblick weit in die Vergangenheit, eine Art Zoom-out, ist vielmehr erforderlich. Das Erdbeben darf nicht isoliert betrachtet werden. Man muss den Weg in die Katastrophe beschreiben und die Vorgeschichte verstehen, um einen möglichen Ausweg aus dem Dilemma skizzieren zu können.

Dabei werde ich nicht auf eine »Von Plato zur Nato«-Erzählweise zurückgreifen. Vielmehr werde ich mich auf die 75-jährige Geschichte des Staates Israel konzentrieren, und zwar mit dem Schwerpunkt auf der Zeit seit dem Sechstagekrieg 1967. Je näher die Wendepunkte an unsere Gegenwart heranreichen – Oslo-Abkommen

1993, Al-Aksa-Intifada 2000, die Verwandlung des Gazastreifens in ein »Hamastan« 2006/07, das Ende der Friedensverhandlungen zwischen Israel und den Palästinensern 2014 –, desto relevanter werden sie für die gegenwärtige Entwicklung.

Und doch sollen die Wurzeln des Konflikts, die in der Zeit seit der Entstehung der zionistischen Bewegung, aber noch vor der Gründung des Staates Israel 1948 liegen, nicht außer Acht gelassen werden. Auch sie gehören in den großen »Frame« – also zu dem, was in der Filmsprache Supertotale oder Weitwinkel-Ansicht genannt wird. Leider gibt es zu viele Erklärungsversuche, die durch ideologische Scheuklappen eingeengt sind und nur einen Schmalfilm erkennen lassen oder auch ein verzerrtes Bild des Konflikts anbieten. Und nicht zu vergessen: Die Arbeit des Historikers unterscheidet sich grundlegend von dem, was der Fernsehberichterstatter für die Krönung seiner Arbeit hält – es ist die Struktur, nicht »der letzte Stand der Dinge« oder die Sensation, die für den Historiker zählt. Vieles kann sich ab dem Zeitpunkt, an dem das Buch in Druck geht, bis zu seinem Erscheinen noch ändern. Der Kontext und nicht die Nachricht, »die uns soeben erreicht hat«, steht im Vordergrund.

Der UN-Generalsekretär António Guterres erntete harsche Kritik für seine Äußerung, der Terroranschlag der Hamas habe »nicht im luftleeren Raum« stattgefunden. Zu Unrecht, denn kein Ereignis steht im luftleeren, kontextlosen Raum, egal ob es sich um einen gelungenen Torschuss im Fußball oder um den Schuss handelt, den Gavrilo Princip auf den habsburgischen Thronfolger in Sarajevo am 28. Juni 1914 abgefeuert hat. Geschichte ereignet sich im Kontext und ist darüber hinaus nicht monokausal zu verstehen. So auch in unserem Fall. Die folgende Abhandlung bemüht sich darum, Zusammenhänge zu beschreiben, Komplexitäten zu schildern und schließlich auch alternative Prognosen zu wagen.

Dabei sollte Kontextualisieren aber nicht mit Relativieren verwechselt werden, denn wenn die Kontextualisierung die Relativierung zum Ziel hat, ist das mit Recht zu kritisieren. Im Fall des Terrorangriffs vom 7. Oktober 2023 käme die Relativierung einer Umkehr der Täter-Opfer-Beziehung gleich, ist also moralisch verwerflich. Vorsicht ist auch dann geboten, wenn man damit rechnen muss, dass Rezipienten die Kontextualisierung als Aufforderung zur Relativierung auslegen. Der Historiker kontextualisiert auch, indem er zum Vergleich greift. Der Vergleich ist eine unumgängliche Methode, ein Instrument im Dienst des historischen Verstehens. Ist aber die Absicht oder das beabsichtigte Ergebnis eines Vergleichs die moralische Relativierung, hat der Historiker seine Rolle als Interpret, als Analytiker bereits aufgegeben. Wie heikel der historische Vergleich werden kann, zeigte der deutsche Historikerstreit 1985 um die These von Ernst Nolte und der Historikerstreit 2.0 im Jahr 2020 um die Thesen von Achille Mbembe. Die Vergleichbarkeit des Holocausts ist beim Thema Vergleich der Ernstfall.

Ich bin Historiker, ein israelischer Historiker, der aus seiner Perspektive um eine historische Rückschau wie auch um Prognosen bemüht ist. Ich versuche, handwerklich sauber zu arbeiten und so unvoreingenommen zu schreiben wie möglich. Meine Hoffnung ist, dass dieses Buch noch lange Bestand haben wird, auch nachdem der jetzige Gaza-Krieg zu Ende gegangen ist. Vieles ist darin eingeflossen, was ich bereits während der vergangenen drei Jahrzehnte geschrieben habe. Die Grundstruktur des Konflikts hat sich seit damals nicht verändert, meine Überzeugung ist immer noch dieselbe. Doch bin ich pessimistischer, was die Zukunft anbelangt. Denn das, was sich seit dreißig Jahren ereignete, und erst recht das, was seit dem 7. Oktober 2023 geschah, trug dazu bei, dass die Fronten auf beiden Seiten sich weiter verhärteten und der gegenseitige Hass sich weiter hochschaukeln konnte. Meine Bilanz fällt sehr kritisch aus, doch versuche ich, meinem Pessimismus zum Trotz konstruktiv zu denken.

Als Historiker befasse ich mich in der Regel mit der deutschen und der deutsch-jüdischen Geschichte, auch mit den deutsch-israelischen Beziehungen. Entsprechend wurde auch dieses Buch konzipiert: Die Analyse bezieht sich auf die von mir gewählte Perspektive. Deshalb werden Vergleiche zwischen der deutschen und der israelischen Geschichte vorgenommen, und es wird auch die Frage der Einstellung der Bundesrepublik und der Bürger dieser Republik zum Thema Israel und zum Konflikt im Nahen Osten behandelt.

Geschrieben habe ich das Buch nicht, um das zionistische Unternehmen zu diskreditieren oder zu delegitimieren, sondern um auf mögliche Auswege aus der Sackgasse bzw. aus dem Teufelskreis der Gewalt und Gegengewalt aufmerksam zu machen. Ich finde noch immer den Spruch des früheren israelischen Außenministers Abba Eban zutreffend: »Die Palästinenser haben nie eine Chance verpasst, eine Chance zu verpassen«, nie ließen ihre offiziellen Vertreter eine Zukunftsvision erkennen, die auch Israelis ansprechen könnte. Die Hoffnung auf das Verschwinden Israels kann ja wohl kaum Kooperationsbereitschaft auf israelischer Seite hervorrufen. Ich erinnere mich oft an einen Witz aus früheren Zeiten: Zwei deutsche Juden schlichen sich in eine Hitler-Wahlveranstaltung, um zu verstehen, was dieser Partei so viel Erfolg bringt. Als die Rede zu Ende war, sprangen die beiden auf und riefen: »Raus mit uns!« Raus mit uns – das kann, bei aller Bereitschaft zur Selbstkritik, nicht meine Devise sein. Die eigene Nase abzuschneiden, um das Gesicht zu ärgern (so ein englischer Spruch) – das ist nicht mein »Ding«. Und auch nicht, bei verkappten Antisemiten Genugtuung zu verbreiten.

Tel Aviv, 15. Januar 2024

PALÄSTINA ODER ERETZ ISRAEL: VORBEMERKUNG ZU EINIGEN BEGRIFFEN

Ich habe dieses Buch auf Deutsch geschrieben. Da der Zionismus im deutschsprachigen Raum entstand, hat diese Sprache bereits in der Vergangenheit gelernt, sich mit dem Zionismus und seiner Problematik zu befassen. Da aber die Hauptsprache des Zionismus Hebräisch ist, entstehen doch kritische Übersetzungsprobleme, auch Missverständnisse. Das Land, in das man ausgewandert war, heißt auf Deutsch Palästina. Das war auch das Wort, das in zionistischen Schriften auf Deutsch verwendet wurde. Auf Hebräisch besteht man aber auf der Bezeichnung *Eretz Israel* (Land Israel), weil man kein Fremdwort benutzen will. (Auf den biblischen Namen Land Kanaan wird nicht zurückgegriffen, da die Kanaaniter die Völker sind, die von den Israeliten bezwungen wurden.) In einer historischen Retrospektive eines Israeli kommt oft die Frage auf, ob in einem bestimmten Kontext die hebräische oder die deutsche Bezeichnung des Landes zu verwenden wäre. Auch muss auf die Verwirrung geachtet werden, die entstehen könnte, wenn man *Eretz Israel* (das Land) mit Israel (dem Staat) verwechselt. Es geht hier auch um einen zeitbedingten Kontext: In meiner Geburtsurkunde aus dem Jahr 1943 steht unter »Nationalität« »palästinensisch«, denn das Dokument ist auf

Englisch verfasst, und die Engländer nannten das Land Palästina. Ich bin also, formal betrachtet, Palästinenser. Heute aber nennt man nur die in Palästina geborenen Araber (und ihre Nachkommen) Palästinenser.

Die Mandatsmacht hat die Formulierung »Palästina/*Eretz Israel*« verwendet, um neutral zu bleiben, und den hebräischen Begriff neben dem unter Europäern geläufigen Wort benutzt. Im weiteren Verlauf wird immer, wenn die israelische Rechte dieses Wort benutzt, darauf hingewiesen, dass es bei ihr um Ganz-Israel oder Groß-Israel geht. *Eretz Israel* soll hier neutraler geografischer Begriff bleiben.

Ein weiteres Problem: Das Wort für Einwanderung nach Palästina/Eretz Israel heißt auf Hebräisch *Alija*, Aufstieg. Je nach Kontext muss entschieden werden, ob dieser Begriff zu verwenden ist oder ein anderer. Und auch die hebräische Übersetzung des Begriffs Siedlung schafft Probleme. Auf Hebräisch wurde von Zionisten seit Ende des 19. Jahrhunderts der Begriff *Hitjaschvut* (Niederlassung) benutzt; er galt als wertneutral. Doch besonders in der heutigen Ära des postkolonialen Diskurses wird der Begriff problematisch: Eine ländliche Niederlassung nannten die Zionisten stolz auf Hebräisch *Moschava*, auf Deutsch aber Kolonie. Als das Wort *Moschava* in das Wörterbuch des Zionismus eingeführt wurde, klang es eher sachlich und neutral. Das ist heute nicht mehr der Fall. Dieses Wort wird für Vertreter des postkolonialen Diskurses automatisch zu einer idealen Vorlage für einen »Konter«.

Aber damit nicht genug. Wie bekannt errichteten israelische Juden nach dem 1967er-Krieg in den besetzten Gebieten Siedlungen. Die hebräische Bezeichnung für diese Niederlassungen ist *Hitnachlut*, nicht *Hitjaschvut*, und die dort lebenden Menschen werden entsprechend nicht *Mitjaschvim* sondern *Mitnachlim* genannt, für das hebräische Ohr ein Riesenunterschied. Da aber das deutsche Wort Siedler bzw. Siedlung für beide so unterschiedliche Phänomene benutzt wird, entsteht oft, absichtlich oder nicht, Unklarheit: Befindet sich die gemeinte Ortschaft im Kernland Israel oder im besetzten Gebiet? Ein akutes Beispiel: Die Hamas-Terroristen griffen am 7. Oktober keine *Hitnachlut* in den seit 1967 besetzten Gebieten an, sondern mehrere *Kibbuzim*, die sich auf dem international anerkannten israelischen Territorium befanden. Wenn für die überfallenen Ortschaften das Wort Siedlung benutzt wird, ist dieser feine Unterschied nicht mehr vermittelt, die Situation wird leicht missverstanden und missinterpretiert.

1.
DAS VERSAGEN DES ZIONISMUS: DER 7. OKTOBER 2023

Die zionistische Bewegung wurde offiziell im Jahr 1897 gegründet. Laut deren Programm, das auf dem ersten Zionisten-Kongress in Basel verabschiedet wurde, bestand das Ziel darin, »dem jüdischen Volk eine öffentlich anerkannte, rechtlich gesicherte Heimat in Palästina zu verschaffen«. Nach der Vorstellung des Wiener Journalisten Theodor Herzl, der Gründer dieser Organisation und Verfasser des programmatischen Buches *Der Judenstaat* (1896) war, sollte dieser Staat die ultimative Antwort auf die »Judenfrage« sein – nicht die Emanzipation der Juden und ihre Gleichberechtigung in den Ländern der Diaspora sollte die Lösung sein, sondern die »Selbstemanzipation« als Nation auf eigenem historischem Territorium.

Die Juden nicht als Religionsgemeinschaft, sondern als Volk, ja, als Nation zu begreifen – auf diese Idee konnte man überhaupt erst seit dem späten 18. Jahrhundert kommen: Etwa 90 Prozent der Juden lebten zu dieser Zeit in Europa, dem Kontinent, der seit Beginn des 19. Jahrhunderts immer mehr politisch-national zu denken trachtete. Deswegen stand die Frage der Beziehung des Judentums zur Idee der Nation seitdem auf der Tagesordnung. Aus der Sicht der fortschrittlichen Menschen dieser Epoche, Juden wie Nichtjuden, galt das Prinzip: Juden, obwohl sie Angehörige einer anderen Religion oder Konfession sind, sind Teil der Nation, in deren Mitte sie leben. Entsprechend haben Juden im nationalen Staat den Anspruch auf Gleichberechtigung, was wiederum bedeutet, dass die Judenemanzipation, die Gleichberechtigung, die historische »Judenfrage« lösen wird.

Und doch: Bereits als die erste moderne Nation sich konstituierte, nämlich das im Zuge der Revolution entstandene Frankreich, haben manche Nichtjuden die Juden als separate Nation ausgrenzen wollen, weil sie angeblich einen Staat im Staate aufrechterhielten. Diese Haltung breitete sich auch bei anderen Nationen aus und bot somit dem Judenhass neue, moderne Argumente. Gerade dort, wo die fortschrittlichen, liberalen Kräfte die Emanzipation der Juden einführten (in Deutschland seit 1869), waren Judenfeinde bemüht, die Gleichberechtigung rückgängig zu machen und einen Prozess der Exklusion auf ethnozentrischer Basis einzuleiten und zu implementieren.

Dieser Judenhass, der sich gegen die bereits errungene Judenemanzipation richtete, motivierte nicht nur Theodor Herzl dazu, eine alternative Lösung zur unsicheren Diaspora-Existenz und zur als fragil erkannten Emanzipation zu suchen, sondern auch andere Juden, die angesichts der Radikalisierung des Judenhasses (seit 1879 Antisemitismus genannt) ihre Hoffnung auf Emanzipation als Lösung der Judenfrage aufgegeben hatten. Mit anderen Worten: Man strebte eine neuartige »Lösung der Judenfrage« an. Da im letzten Drittel des 19. Jahrhunderts Pogrome, Ritualmordprozesse und antisemitische Parteien weitverbreitete Phänomene wurden, schien eine neuartige »Lösung« besonders dringlich zu sein. Sicher vor Antisemitismus, Pogromen und Diskriminierung würden Juden erst dann sein – so Herzl und die Zionisten –, wenn sie im eigenen Staat lebten. Herzl ging sogar davon aus, dass bereits zu Beginn der Ausführung des zionistischen Planes »der Antisemitismus überall und sofort zum Stillstand« kommen würde; bereits der Beginn der Auswanderung nach Palästina, so behauptete er, »ist das Ende des Antisemitismus«.[1]

Die zionistische Lösung würde, im Sinne dieser Prog-

1 Die Herzl-Zitate sind entnommen aus dem Buch von Theodor Herzl, *Der Judenstaat*, 1. Auflage Leipzig & Wien 1896, 8. Auflage Berlin 1920, S. 13–15.

nose, nicht nur für die in den Judenstaat geflüchteten Juden, sondern für die gesamte Judenheit der optimale Ausweg aus der Not sein: Sie führe eine Win-win-Situation ein. In der Diaspora verschwände der Antisemitismus, während im Judenstaat die Sicherheit des Juden als Jude garantiert sein würde.

Zwischen Herzls programmatischem Buch und der Gründung des Staates Israel liegen mehr als fünf Jahrzehnte, die angeblich, zumindest teilweise, Herzls Vision bestätigen: Der Antisemitismus grassierte nach dem Ersten Weltkrieg in allen Nationalstaaten und wurde nach dem 30. Januar 1933 zur offiziellen Regierungspolitik Deutschlands, die am Ende in die »Endlösung der Judenfrage« einmündete, sprich: die Vernichtung von ca. sechs Millionen europäischer Juden. Die Gründung des Staates Israel drei Jahre nach Ende der Schoah (Holocaust) galt deswegen nicht nur in zionistischen Kreisen als die ultimative Antwort auf den Antisemitismus und als absoluter Gegensatz zum Zustand der totalen Ohnmacht der Diaspora-Juden schon vor, aber insbesondere während der NS-Zeit.

Tatsache oder Mythos – bereits seit der Gründung des Judenstaates war es kein Geheimnis, dass das Leben der dortigen Juden nicht minder unsicher ist als das Leben der Diaspora-Juden: Kriege, Militäroperationen, Terroranschläge, all das hat unzählige Menschenleben gekostet. Der Mythos »In Israel fühlt sich der Jude am sichersten« konnte trotzdem dank der Verbreitung des israelischen Narrativs aufrechterhalten werden. Bis es zum Pogrom vom 7. Oktober 2023 kam. Diesmal ging es um mehr als »nur« um ein Selbstmordattentat in einem vollen jüdischen Restaurant oder um einen Raketenhagel aus dem Irak, aus Gaza oder aus dem Libanon auf Ortschaften im Kernland Israel. Diesmal waren israelische Zivilisten Opfer eines Pogroms, wie es bis dahin nur aus der zweitausendjährigen Geschichte der Diaspora-Juden bekannt war.

Was der israelische Nationaldichter Chaim Nachman Bialik in seinem eingangs zitierten Gedicht »In der Stadt des Schlachtens« beschrieb, waren seine Eindrücke als Mitglied einer Untersuchungskommission, die sich mit dem Pogrom befasste, das sich im Jahr 1903 im Zarenreich in der Stadt Kishinew ereignete. Der Ton dieses Gedichts ist brutal und eindeutig:

Und schreien wirst du wollen und aufreißen Gräber
Und brüllen wie ein Ochs, gebunden an die Schächtebank –
Doch stumm wie die Grabmäler bleibst du stehn.
Geh, schau sie an, da sind sie, die Märtyrer,
Da liegen sie geschächtet wie die Kälber,
Und hast für sie kein Weinen wie auch keinen Lohn.
Ich kam hierher, erstorbene Gebeine,
Euch um Verzeihung flehn: verzeihet mir.
Verzeihet eurem Gott, ewig Beleidigte,

Verzeiht mir euer bittres, finstres Leben,
Mir euern zehnmal bittern, finstern Tod.[2]

Die ursprüngliche Botschaft war klar – der Zionismus ist entstanden, um solche Katastrophen im Land der Juden zu verhindern. Nun erhält dieses Gedicht seit dem 7. Oktober 2023 eine ganz andere Bedeutung als früher – es beschreibt genau das, was in den *Kibbuzim* und den Städten entlang der Gaza-Grenze geschah, im selbstständigen, stolzen, wehrhaften Judenstaat, wo ein Pogrom nie und nimmer hätte stattfinden dürfen. Die Katastrophe dieses 7. Oktober ist noch schlimmer als der Überraschungsangriff Ägyptens und Syriens auf Israel am 6. Oktober 1973 genau 50 Jahre zuvor: Diesmal ging es nicht um Operationen mit regulären Soldaten, die aufeinander losgingen, sondern um Terroristen, die meist Zivilisten angegriffen, gedemütigt, ermordet oder verschleppt haben. Einen krasseren Kontrast zu dem, was die Grundidee des Judenstaats versprochen hatte, kann es nicht geben.

Der Kontrast ist umso größer, weil keine Siedlungen im besetzten Westjordanland, sondern eine Landstrecke, die zum unumstrittenen israelischen Territorium gehört,

---

2 Chaim Nachman Bialik, *Gedichte*. Aus dem Jiddischen (nicht aus dem hebräischen Original) übertragen von Ludwig Strauß, Berlin 1921, S. 21 ff.

und dazu ausgerechnet *Kibbuzim* überfallen wurden. Der *Kibbuz*, das Vorzeige-Sozialexperiment des Zionismus, gilt bis heute als Idealtypus der sozialen Gerechtigkeit und der Wehrhaftigkeit des Zionismus. Wenn man den historischen Zionismus ins Herz treffen will, muss man die *Kibbuzim* angreifen. Das genau geschah am 7. Oktober 2023. Die Opfer, die *Kibbuzniks*, gehören politisch eher zu den Befürwortern der Verständigung mit den Palästinensern, und unter den Ermordeten befanden sich auch manche, die sich selbstlos um aktive Hilfe für die Nachbarn in Gaza bemüht hatten.

Damit aber nicht genug: Die Fotos und Videos, die die Hamas-Terroristen während des Überfalls aufgenommen und dann über die Medien und die sozialen Netzwerke verbreitet haben – eine Orgie der brutalsten Gewalt, das Abschlachten von Babys, die Vergewaltigung von Frauen, die Schikanierung von alten Menschen –, das alles hat Assoziationen auch mit dem Schicksal der Juden im Zweiten Weltkrieg, also während der Schoah, hervorgerufen. Da Israel nach eigener Selbstwahrnehmung und Selbstdarstellung dafür entstanden war, eine zweite Schoah auszuschließen, wurden diese Bilder der Demütigung von jüdischen Zivilisten und Soldaten als Menetekel rezipiert: Der zionistische Staat, Israel, konnte in diesem Moment das Versprechen des Zionismus nicht einlösen. So stellte sich automatisch die Frage: Wenn ein Pogrom an Juden im Kernland Israel, wenn

Ereignisse, die an mittelalterliche Pogrome und an die Schoah erinnern, stattfinden können, hat dann das zionistische Unternehmen nicht endgültig versagt, seinen Anspruch als ultimative »Lösung der Judenfrage« nicht für immer verloren?

Diese Frage ist keine rhetorische geblieben. Manche versuchen, bestimmte Personen, bestimmte Institutionen – die Geheimdienste, das Militär oder auch die Regierung – für dieses Versagen verantwortlich zu machen und somit nicht nur das Ansehen der Politiker, sondern vor allem den Mythos einer zionistischen Lösung der Judenfrage zu retten. Die Debatte befindet sich erst in der Anfangsphase, und die Erfahrung aus der Jom-Kippur-Katastrophe 1973 zeigt, wie lange eine solche Debatte dauern kann und wie tief die Spuren, die sie hinterlässt, sein können.

2.
DIE ZWEISTAATENLÖSUNG UND IHRE GEGNER

Als Theodor Herzl seine Vision vom Judenstaat zu Papier brachte, stand für ihn das Land, das man Palästina nennt (auf Hebräisch: *Eretz Israel*), noch nicht als Endziel auf dem Plan. Als ihm später klar wurde, dass die nationaljüdische Bewegung, Zionismus genannt, Zion als Territorium ernst nehmen muss, war ihm und den Zionisten allgemein, aber auch den Anti-Zionisten noch immer nicht klar, wo genau die Grenzen von Zion, von Palästina, liegen bzw. verlaufen sollen. Dabei geht es nicht um eine bloß technische, geografische oder topografische, sondern um eine ideologische Frage. Und ideologisch war der Zionismus sehr früh auch bezüglich der Grenzfrage gespalten.

Jeder, der sich mit der Geschichte des Zionismus befasst, muss wissen, dass von Beginn an die Zionisten keine homogene Gemeinschaft waren und jede Strömung innerhalb der Gesamtorganisation die Grundrisse des Programms nach eigener Vorstellung formulierte, ergänzte und auszuführen versuchte. Es stellte sich erstens heraus, dass auch im Zionismus der Zwist zwischen Bourgeois und Proletarier, zwischen der bürgerlichen und der sozialistischen Denkrichtung, die »Einheitsfront« gefährdete. Um das zu veranschaulichen, reicht ein triviales Beispiel aus dem Bereich der *popular culture*: Beide Parteien haben sogar zwei miteinander konkurrierende Sportdachverbände geschaffen: *Makkabi* (Makkabäer) und *Hapoel* (Der Arbeiter). Darüber hinaus entstand bald auch eine Gruppe der religiösen Zionisten, die sowohl im Gegensatz zu der säkularen Mehrheit im Zionismus wie auch zur Mehrheit der religiösen Juden, die den Zionismus als Ketzerei ablehnten, diesen als Vorboten der messianischen Zeiten propagierte. Später spaltete sich das bürgerliche Lager in zwei Strömungen – auf dessen rechtem Flügel entstand das nationalistische, ethnozentrische Lager, »Revisionisten« genannt, das heute hauptsächlich von der größten Regierungspartei, dem *Likud*, vertreten wird.

Für dieses ideologische Lager wurden mit der Zeit auch die Grenzen des zukünftigen Judenstaats zum zentralen Thema. Als die zionistische Bewegung vor Ende des 19. Jahrhunderts mit der Auswanderung nach Zion begann, war das gesamte Gebiet, das die Römer Palaestina nannten, unter osmanischer Herrschaft, wurde aber im

Osmanischen Reich nicht Palästina genannt. Als nach dem Ersten Weltkrieg der Völkerbund Palästina kreierte und Großbritannien beauftragte, dieses Gebiet als Mandatsland zu verwalten, konnte man endlich Palästinas Grenzen auf der Landkarte finden, es lag auf beiden Seiten des Jordan. Im Jahr 1922 entschied sich die Mandatsmacht – der für die Kolonien zuständige Minister hieß Winston Churchill –, die Grenzen neu festzulegen: zwischen dem Jordan und dem Mittelmeer. Östlich vom Jordan sollte der arabische Staat Jordanien entstehen. Die Revisionisten haben damals den Verzicht auf die Gebiete östlich des Jordan verurteilt, waren aber noch nicht die entscheidende Kraft im Zionismus.

Im Mandatsgebiet Palästina gerieten die zionistischen Juden und die Araber, die sich später Palästinenser nannten, immer mehr in Konflikt, bis die UN im November 1947 über die Teilung Palästinas entschied: Entstehen sollten ein Judenstaat und ein arabischer Staat. Das war also der erste Anlauf der internationalen Gemeinschaft in Richtung auf eine Zweistaatenlösung. Die konturierten Grenzen wurden aber schnell zu Makulatur, weil im Krieg zwischen den arabischen Staaten (die keinen Staat Palästina entstehen ließen) und dem neuen Staat Israel Letzterer sein Territorium ausdehnen konnte. Doch blieben zwei Gebiete in Palästina außerhalb Israels: Das Westjordanland wurde seit 1949 von Jordanien, der Gazastreifen von Ägypten regiert. Die Waffenstillstandsvereinbarung von 1949 hat auch klare Grenzen auf der Landkarte markiert.

Der nächste Krieg, der 1967 ausbrechende Sechstagekrieg, endete mit einem Sieg Israels und mit der Eroberung der beiden soeben genannten palästinensischen Gebiete. In der Rückschau hätte dieser Krieg eigentlich die im Jahr 1947/48 ad acta gelegte Zweistaatenlösung wiederbeleben können, wenn nicht zwei große Hindernisse dem entgegengestanden hätten – einerseits die einstimmige und totale Ablehnung Israels seitens der arabischen Welt, inklusive der Vertreterin der Palästinenser, der PLO (Khartum-Beschlüsse, September 1967), und andererseits die »Ganz-Israel«-Ideologie auf dem rechten Flügel des Zionismus bzw. der israelischen Politik, vor allem der Siedlerbewegung, die 1968 ihren Anfang nahm.

Zurück zur politischen Spaltung innerhalb der zionistischen Bewegung: Die Arbeitspartei, die seit Entstehung des Staates die Regierung gebildet hatte, hatte prinzipiell die Teilung Palästinas als Fait accompli akzeptiert, war jedoch nach 1967, angesichts der Absicht der PLO, ganz Palästina für die Palästinenser in Anspruch zu nehmen (und zu diesem Zweck Terroranschläge zu verüben), nicht bereit, wie es die UN-Resolution 242 verlangte, die israelischen Truppen bedingungslos hinter die Grenze von 1967 zurückzuziehen.

Die oben erwähnten Revisionisten, die Nationalisten,

betrachteten die Eroberung der zwei palästinensischen Gebiete, Gaza und Westjordanland, als Aufforderung, zum Traum von Ganz-Israel zurückzukehren (manche träumen sogar von den Grenzen vor 1922, also von Israel auf beiden Ufern des Jordan). Unterstützt wurde diese Forderung auch von den religiösen Zionisten, die sich erst nach 1967 als Vertreter der Ganz-Israel-Ideologie entpuppten. 1977, zehn Jahre nach dem Krieg, hat dann die Partei der Revisionisten, *Likud* (»Zusammenschluss«), die Wahlen gewonnen, zum ersten Mal nach 29 Jahren Arbeitspartei-Regierung. Die *Likud*-Koalition mit der Partei der religiösen Zionisten leitete eine scharfe Wende in der israelischen Politik ein: Für die schon damals eher unrealistische Hoffnung auf eine Rückkehr zur Zweistaatenlösung war diese politische Wende ein herber Rückschlag. Von nun an wurde eine gezielte Siedlungspolitik in den besetzten Gebieten betrieben, mit der Absicht, den Traum von Ganz-Israel zu verwirklichen. Die Grenze, die im Jahr 1949 festgelegt worden war, wurde somit in den Köpfen wie auf der Landkarte weitgehend weggewischt.

Doch kurz nach der Wende 1977 und angeregt vom Besuch des ägyptischen Präsidenten Anwar as-Sadats in Israel entstand auf dem linken Flügel der politischen Szene in Israel die Peace-now-Bewegung, die für die Rückgabe der besetzten Gebiete plädierte, um den Konflikt zu beenden. Von dieser stammt der Slogan »Land für Frieden«, der später zum Grundprinzip wurde, als es zu Verhandlungen kam. Die prinzipielle Haltung der israelischen Rechten dagegen hieß »Frieden für Frieden«, was praktisch die Fortsetzung des Status quo seit 1967 oder gar die Annexion der besetzten Gebiete bedeutete.

Der Aufstand (Intifada) der Palästinenser 1987, die prinzipielle Entscheidung der PLO im Jahr 1988, Israels Existenz anzuerkennen, das Annus mirabilis 1989 und ein überraschender Wechsel der israelischen Regierung im Jahr 1992, von einer *Likud*-geführten zur Arbeitspartei-Regierung, führten zum Wiederbeleben der Idee von der Zweistaatenlösung. Diese Wende wäre selbstverständlich unmöglich gewesen, wenn Sadat im Jahr 1977, vier Jahre nach dem Jom-Kippur-Krieg, nicht die mutige Entscheidung getroffen hätte, mit Israel Friedensverhandlungen aufzunehmen und somit die Tür für friedliche Beziehungen zwischen der arabischen Welt und Israel zu öffnen.

1993 war es dann so weit: Der PLO-Chef Jassir Arafat im Namen der Palästinenser und der israelische Regierungschef Jitzchak Rabin unterzeichneten das Osloer Abkommen, das den Palästinensern in den von Israel seit 1967 besetzten Gebieten einen Autonomiestatus gewährleistete, Israel die offizielle Anerkennung seitens der Palästinenser garantierte und den Weg zu einer eventuellen Zweistaatenlösung ebnete. Doch zum wiederholten Mal waren es die Gegner der Verständigung auf palästinensischer Seite und die Nationalisten auf israelischer Seite, die den Prozess zuerst verlangsamt und schließlich zum Erliegen gebracht haben. Als Ministerpräsident Rabin von einem israelischen Rechtsextremisten am 4. November 1995 ermordet wurde und bei den darauf folgenden Wahlen an seiner Stelle der Befürworter der Ganz-Israel-Ideologie Benjamin Netanjahu antrat, war die Zweistaatenlösung praktisch eingefroren, auch wenn es bis 2014 noch Versuche gab, Friedensgespräche mit den Palästinensern zu führen und die Zweistaatenidee zu reanimieren.

Die Koalition von *Likud* und religiösen Zionisten 1977 (zu der auch die Ultraorthodoxen, auf die wir noch zu sprechen kommen, hinzukamen) erwies sich als Vertreterin eines Zionismus, der rechtsradikal, nationalistisch, konservativ und religiös-fundamentalistisch ist und vor illegalen Akten gegenüber den Palästinensern und vor einer radikalen Siedlungspolitik nicht zurückschreckt. Auch wenn die Forderung nach Ganz-Israel aus diplomatischen Gründen nicht groß hinausposaunt wurde, hatte die Zweistaatenlösung nach der Machtübernahme dieser Koalition kaum mehr eine Chance.

Als der Kalte Krieg überraschend zu Ende gegangen war und, wie bereits erwähnt, der Regierungschef Rabin 1993 das Osloer Abkommen unterzeichnete, kam der Gegenwind hauptsächlich aus Richtung der *Likud*-Opposition, und besonders aggressiv von der Siedlungsbewegung. Ermordet wurde Rabin von einem religiösen Rechtsextremisten, der zwar nicht in einer Siedlung wohnte, aber die Siedlerideologie vertrat. Spätestens seit dem Jahr 1995 war damit klar – keine israelische Regierung wird es riskieren, mit den Palästinensern Verhandlungen aufzunehmen, die zur Räumung von Siedlungen führen könnten. Im Klartext bedeutet das: Die Zweistaatenlösung kommt nicht nur für palästinensische Extremisten, sondern auch für die israelische Rechte nicht in Betracht. Auch die Entscheidung des ehemaligen Generals und Freund der Siedlerbewegung Ariel Sharon, der von 2001 bis 2006 Israels Ministerpräsident war, Gaza zu verlassen, war nicht als Meilenstein in Richtung Zweistaatenlösung gedacht.

Der kompetenteste israelische Experte für diese Frage, Matti Steinberg, hat das in einem *Tagesspiegel*-Interview (21. 11. 2023) auf den Punkt gebracht: »Mit dem einseitigen Rückzug wollte Ariel Sharon den Erfolg der arabischen Friedensinitiative von 2002 verhindern. ... Zu seiner Zeit stimmten die Arabische Liga und die Organisation der Islamischen Konferenz einem saudischen Vorschlag (2002) für eine Zweistaatenlösung in den Grenzen von 1967 zu. Sharon wollte diese Option aus der Welt räumen.« Die Absicht hinter der Entscheidung Ariel Sharons war eben, das Siedlungsunternehmen in Judäa und Samaria (so heißt im jüdisch-nationalen Jargon das Westjordanland) zu stärken, indem man auf die Siedlungen im und auf die Kontrolle über den Gazastreifen verzichtete: Dieses komplexe Kalkül galt in den Augen der Siedler und ihrer Anhänger jedoch als unverzeihlicher Hochverrat – zu Unrecht, wie wir wissen – und als eine Untat, die um jeden Preis »wiedergutgemacht« werden musste. Es überrascht daher nicht, dass die erste Priorität für diese Gruppe für die Zeit nach dem Krieg in Gaza, nach dem Massaker vom 7. Oktober 2023, nicht der Neuaufbau der zerstörten *Kibbuzim* auf israelischem Territorium ist, sondern die Gründung von jüdischen Siedlungen im Gazastreifen, um so den 2005 erfolgten Rückzug von dort wieder rückgängig zu machen.

Ein unerwarteter Lichtblick waren die Verhandlungen des Sharon-Nachfolgers Ehud Olmert, obwohl er früher auch zum *Likud* gehört hatte, mit der Autonomiebehörde. Er war im Begriff, eine Wende herbeizuführen, musste aber wegen Bestechlichkeit zurücktreten. Kein Wunder also, dass seitdem alle Versuche, Verhandlungen mit den Palästinensern zu führen, gescheitert sind. Denn Olmerts Nachfolger Netanjahu, um Matti Steinberg noch einmal zu zitieren, »wollte von Anfang an keine Regelung oder Lösung der Palästinafrage. Er wollte … die politische Trennung zwischen dem Gazastreifen und dem Westjordanland« beibehalten und keineswegs der Zweistaatenlösung eine Chance geben.

Nur unter Druck aus den USA hat Benjamin Netanjahu, seit 2009 wieder Regierungschef, das Wort Zweistaatenlösung in einer Rede an der Bar-Ilan-Universität einmal in den Mund genommen, während er in Wahrheit ein treuer Vertreter der Ganz-Israel-Vision blieb. Deshalb war ihm die Machtübernahme durch die Hamas in Gaza letztendlich willkommen – somit wurden Verhandlungen mit der geschwächten Autonomiebehörde über die Zweistaatenlösung irrelevant.

Spätestens im April 2014, als die unter der Schirmherrschaft der Obama-Administration geführten Verhandlungen mit der Autonomiebehörde endgültig scheiterten, war Netanjahu an seinem Ziel angelangt und der Siedlerbewegung klar, dass sie den Kampf gewonnen hatte. Sie konnten nun nahezu ungehindert Siedlungen errichten, Palästinenser drangsalieren, Straßen bauen, die nur Siedler benutzen dürfen, und damit eine schleichende Annexion betreiben.

Da die PLO-Führung der Autonomiebehörde es unter diesen Umständen nicht schaffen konnte, das Oslo-Prinzipien-Abkommen zur Grundlage eines Palästina-Staates zu machen – laut Osloer Abkommen wäre das bis 1999 zu klären gewesen –, konnte die innerpalästinensische islamistische Konkurrenz, die Hamas, sich politisch aufwerten. Nach dem einseitigen Rückzug Israels aus dem Gazastreifen hat die Hamas, für die die Vernichtung Israels Programm ist, die Macht in Gaza übernommen, dort die PLO Anfang 2007 total ausgeschaltet und seither nur das eine Ziel verfolgt, Israel zu bezwingen und ein »judenreines« Palästina zu schaffen. »Die Hamas zu einem nützlichen Idioten für seine Zwecke zu machen« war »eine völlige Fehleinschätzung« Netanjahus, so Steinberg. Die Spaltung der Autonomiegebiete war aus der Sicht der israelischen Rechten, die die Zweistaatenlösung, nun möglicherweise eine Dreistaatenlösung, verabscheute, auf jeden Fall ein Vorteil, sogar ein angeblich genialer Schachzug.

Wie erwähnt, ist es seit 2008 etwa alle zwei Jahre zu einer militärischen Auseinandersetzung zwischen Israel und der Hamas gekommen. Das war der Preis, den Israel (und die Menschen in Gaza) für diesen Schachzug der politischen Rechten bezahlte. Das aber, was am 7. Oktober 2023 geschehen ist, war keine Wiederholung der bekannten Routine der früheren Auseinandersetzungen. Es ging diesmal um viel mehr, es ging um den Versuch, israelisches Gebiet zu erobern, Juden massenhaft zu töten und zu demütigen und eine präzedenzlos große Zahl von Juden zu verschleppen. Es sollte diesmal zum »großen Krieg« kommen. Die Hamas versuchte auch, die Palästinenser im Westjordanland zum Aufstand anzustacheln. Der Preis, den Israel für die Netanjahu-Politik der Spaltung der Autonomiebehörde zahlte, um das Siedlungsunternehmen im Westjordanland voranbringen zu können, erwies sich als unerträglich hoch.

Am 7. Oktober begann, wie bekannt, ein Geiseldrama, das nicht weniger als das Pogrom selbst die Raison d'être des Zionismus herausforderte: Mehr als 230 entführte Israelis an einem Tag, in Gaza gefangen – der absolute Widerspruch zu dem zionistischen Versprechen, im Judenstaat die Sicherheit von Juden am besten gewährleisten zu können. Daran hat auch die Freilassung eines Teils der Geiseln nichts geändert.

In Wahrheit geht es jedoch um ein viel größeres Geiseldrama, das mit all dem, was in diesem Kapitel besprochen wurde, im direkten Zusammenhang steht: die israelische Gesellschaft als Geisel der Ganz-Israel-Ideologie oder konkreter der Siedlerbewegung, die den Weg zur Zweistaatenlösung versperrt.

Mit diesem Geiseldrama wollen wir uns im zehnten Kapitel befassen.

3.
MACHT UND OHNMACHT: KRIEG OHNE ENDE

»Von deinem Schwerte wirst du leben.« Diese Prophezeiung (Genesis 27, 40) richtete Isaak an seinen Sohn, allerdings nicht an Jakob, den Erzvater des Volkes Israel, sondern an Esau. »Soll denn das Schwert unaufhörlich um sich fressen?«, fragte ein biblischer israelitischer Befehlshaber (2. Samuel 2, 26) mitten in einem der Judenkriege des Altertums. Die biblische Botschaft an die Juden ist an sich deutlich: »Nicht durch Heer oder Kraft, sondern durch meinen Geist … spricht der HERR Zebaoth.« (Zachariah 4, 6) Juden haben also nach biblischer Vorstellung das Schwert, den Krieg, die Gewalt eher zu meiden. Ihre Tugend sollte woanders liegen.

Wie aber kam es dazu, dass Isaaks Worte an Esau heute so gelesen werden, als wären sie an Jakob gerichtet gewesen, als wären sie eine Anweisung an das Volk Israel, an die heutigen Juden? Wie kam es dazu, dass Benjamin

Netanjahu im Jahr 2015 die Frage, ob das gegenwärtige Israel von seinem Schwert tatsächlich auf ewig leben werde, mit einem klaren »Ja« beantwortete? Wie erklärt sich, dass nicht nur die Hamas oder das palästinensische Volk, sondern auch Israel sich auf eine Zukunft einstellt, die mit der endlosen Fortsetzung dieses Hundertjährigen Krieges zwischen Zionisten und Arabern, nicht aber mit einem Frieden rechnet?

Auch die Antwort auf diese Fragen führt zurück zu den Ursprüngen des Zionismus. Der Zionismus sollte den »neuen Juden« schaffen, der vermeintlich anders als der Diaspora-Jude stark, kriegsbereit und tapfer sein sollte. Noch bevor die Massenauswanderung nach Palästina begann, kam der Begriff Muskeljudentum auf, ein Begriff, den der zweite Mann in der zionistischen Hierarchie nach Theodor Herzl, Max Nordau, in einer Rede auf dem zweiten Zionisten-Kongress 1898 einführte. Der Mythos vom schwachen, unsportlichen Juden war jedoch nicht mehr als ein antisemitisches Vorurteil (man braucht nur auf die Liste der jüdischen Olympia-Medaillengewinner vor der Schoah zu schauen, um festzustellen, dass der Muskeljude bereits in der Diaspora vor der Gründung Israels existierte). Auch die große Zahl jüdischer Soldaten in diversen Armeen der Moderne widerspricht dem Vorurteil vom jüdischen Drückeberger. Dieses Vorurteil, wie auch andere Behauptungen der Antisemiten, hat der Zionismus übernommen, um für seine Ideologie Werbung zu machen. Egal aber, ob Vorurteil oder Realität – in der zionistischen Vision wurde auf den Muskeljuden, der sich selbstverständlich jedem Versuch eines Pogroms kraftvoll widersetzt, viel Wert gelegt.

Die Vorstellung vom Muskeljuden entstand übrigens unter dem direkten Einfluss des deutschen Nationalismus. Wie bekannt, hat der Turnvater Jahn am Anfang des 19. Jahrhunderts das Turnen als zentrales Element zur Regeneration des deutschen Volkstums eingeführt. Diese Idee hat auch national gesinnte Juden am Ende jenes Jahrhunderts inspiriert – die Jahn'sche Idee im Dienst der jüdischen, nicht nur der deutschen Nation. Es blieb aber, wie auch in Deutschland, nicht beim Turnen oder beim Sport. Körperertüchtigung galt als Mittel zum Zweck – zur Schaffung eines effizienten Militärs, eines Volkes von Kriegern, von kampfbereiten Soldaten. So entwickelte sich auch der Muskeljude in Israel weniger zum erfolgreichen Sportler (die Zahl der olympischen Medaillen Israels im Vergleich zu denen der Diaspora-Juden ist eher bescheiden) und mehr zum tapferen Soldaten. In der Selbstwahrnehmung der Israelis gilt das israelische Militär, mehr als jede andere nationale Institution oder Ikone, als vermeintlich ultimative Antwort auf den Zustand der Hilflosigkeit und der Würdelosigkeit des Diaspora-Judentums.

Im israelischen Geschichtsunterricht bietet sich eine Sequenz an, welche die zentrale Rolle der Wehrhaftigkeit und der Kriegsbereitschaft unmissverständlich veranschaulicht: Der Schüler, der sich chronologisch in der Geschichte des zionistischen Unternehmens voranarbeitet, begegnet zuerst der Wehrgruppe *Hashomer* (Der Wächter), die kurz nach der Gründung der zionistischen Organisation entstand, um jüdische Bauern in Palästina vor von Arabern verübten Überfällen zu schützen. Dann lernt er die Geschichte der *Hagana* (Die Abwehr) kennen, einer paramilitärischen Organisation des *Jischuv* während der Mandatszeit (und die Keimzelle für die Israel Defense Forces, IDF, das heutige israelische Militär), und hört von den Heldentaten des *Irgun* (der Untergrundorganisation der Revisionisten), u. a. über den Anschlag auf das Hauptquartier der Mandatsmacht im »King David Hotel« in Jerusalem im Juli 1946 usw. Als Nächstes begegnet er dann der Geschichte des Staates Israel: Der Unabhängigkeitskrieg 1948, der Sinai-Feldzug 1956, der Sechstagekrieg 1967 – sie alle reihen sich in eine lange Kette kriegerischer Auseinandersetzungen ein, mit vielen Gefallenen und Helden.

Die Geschichte der Kriege überschattet in der historischen Rückschau alle anderen Aspekte des Lebens im Lande Israel und wertet den Soldaten, nicht den Sportler, zum Idealtypus der Idee vom Muskeljuden auf. Angesichts der immer länger werdenden Reihe der Kriege und Militäroperationen musste auch die Behauptung, dass alle Kriege »unvermeidbar« (hebräisch: *Ein Brera*) waren und sind, zum Glaubensbekenntnis stilisiert werden. Auch der Gaza-Krieg 2023 reiht sich in der israelischen Selbstdarstellung nahtlos in diese Reihe ein.

Spätestens zu Beginn des ersten Libanon-Krieges im Jahr 1982 begann man auf dem linken Flügel der israelischen Politik jedoch den Sinn und die Rechtfertigung des Krieges zu hinterfragen, und seitdem stellt sich die Frage immer wieder, denn die Kette der Militäroperationen und Kriege bricht nicht ab. Das nationalistische Lager, das mit der Zeit dramatisch an Zustimmung gewinnen konnte, hält Zweifel an der Unvermeidbarkeit von israelischen Waffengängen für Ketzerei, für eine Sünde wider den Zionismus. Die zu Anfang dieses Kapitels erwähnte Replik Netanjahus zum Thema »vom Schwert leben« kam nicht während einer abstrakten Diskussion zustande, sondern war die Antwort auf die Frage eines Mitglieds des Sicherheitsausschusses des Parlaments während des Rabin-Gedenktags, der zum zwanzigsten Mal, also im Oktober 2015, stattfand: Auch Rabins Friedenspolitik, meinte Netanjahu, hätte die Kette der Gewalt nicht durchbrechen können. Der Glaube an Frieden mit den Palästinensern sei eine naive Illusion.

Zu der Frage, weshalb der »neue Jude« zum Muskeljuden werden soll, um sich als Sportler, Bauer oder Krieger auszuzeichnen, kommt aber eine weitere hinzu: Auch wenn das Ziel der Körperertüchtigung von Juden die Erziehung zum Soldatentum sein sollte – gegen wen soll der nationaljüdische, zionistische Soldat kämpfen? Überraschend, aber wahr: Die Philosophin und Zionistin Hannah Arendt plädierte bereits während des Zweiten Weltkriegs (sie kam im Mai 1941 als Flüchtling in Amerika an) für den Aufbau einer jüdischen Armee; nur bestand das von ihr avisierte Ziel darin, Seite an Seite mit anderen Armeen gegen die deutsche Wehrmacht zu kämpfen, um damit nach Kriegsende dem Zionismus einen Platz am Konferenztisch der Bezwinger Deutschlands zu sichern. Was sie niemals im Sinn hatte, war eine jüdische Armee, die zum Kampf gegen die Araber gerüstet wird, solange sie, die Araber, nicht zusammen mit der deutschen Wehrmacht gemeinsame Sache machten (was damals möglich gewesen wäre, wenn Rommel die Schlacht von El-Alamein im Juli-November 1942 nicht verloren hätte).

Doch Hannah Arendts Ansichten waren den Zionisten in Palästina eher fremd, sodass der zionistische Muskeljude als Soldat im Wesentlichen gegen Araber in den Kampf zog und bis heute zu ziehen hat. Da die Geburt des Staates Israel mit einem Krieg begann, den die arabischen Staaten Israel erklärten, und auch die nächsten Kriege entweder auf eine Provokation oder auf einen Angriff von arabischer Seite folgten, konnte der Glaube an die Unumgänglichkeit der von Israel geführten Kriege nicht ausbleiben.

Dieser Glaube ist fest in der israelischen Mentalität verankert, was wiederum den Glauben an einen Frieden fast zerstörte. Der Araber als ewiger Krieger – dieses Bild spielte von früh auf nicht nur in Israel eine wichtige Rolle. Zwar ist *Shalom* das gängige Begrüßungswort auf Hebräisch, ebenso wie *Salam Aleikum* auf Arabisch, für die Beziehung zwischen Israelis und Palästinensern ist dieser Gruß jedoch irrelevant. Und das, obwohl es, wie bereits erwähnt, im Jahr 1979 zum Frieden zwischen Israel und Ägypten kam und bei der Unterzeichnung des Vertrags in Washington das Wort Frieden auf Englisch, Hebräisch und Arabisch feierlich ertönte.

So auch 14 Jahre später bei der Unterzeichnung des Oslo-Abkommens mit den Palästinensern. Jedes Mal gab es nach dem Aufflackern des Friedensfeuers dann die Ernüchterung und die Frustration, die auf beiden Seiten den sich ständig verstärkenden Eindruck hinterließen, dass der Krieg weitergehen muss und der Frieden entweder in weite Ferne rücken oder sich als Fata Morgana erweisen wird – oder nicht mehr als ein Täuschungsmanöver ist.

Ganz eindeutig war die Angst vor dem Frieden, zumindest die Friedensskepsis, auf israelischer Seite seit 2009, der Rückkehr Netanjahus an die Macht, sehr verbreitet, und dieser tat alles, um zu beweisen, dass es keine Alternative zum »Leben vom Schwert« geben kann. Die Hamas war ihm gerade deshalb so nützlich, weil sie dezidiert gegen die Existenz Israels ist und als Partner bei Friedensgesprächen nicht infrage kommt. Das Verhalten der anderen Palästinenser, die in den besetzten Gebieten leben, scheint die Prognose Netanjahus ebenfalls zu bestätigen: Auch dort werden die Kinder zum Kampf erzogen und Terroristen bzw. Freischärler als Helden und Märtyrer gefeiert. Nur ist hier die Frage nach der Henne und dem Ei angebracht – was kann die Kriegsbegeisterung der unter einer Besatzung lebenden Palästinenser eher erklären, die arabische »Natur« oder Israels Verhalten?

Die Selbstwahrnehmung der Zionisten als »neue Juden«, die sich nicht wie die Diaspora-Juden wie Schafe zur Schlachtbank führen lassen, schafft eine radikale Reaktion in den Fällen, wo Israelis zu hilflosen Opfern von Gewalt werden, wo der Israeli nicht Macht, sondern Ohnmacht ausstrahlt. Der Eindruck entsteht, dass mit der robusten Reaktion auf Terroranschläge, Raketenfeuer etc. das Geschehene ungeschehen gemacht werden soll.

Der Überfall auf die israelischen Sportler im olympischen Dorf in München im September 1972 löste eine solche Reaktion aus. Ähnlich, aber vielfach gewaltsamer war die Reaktion auf das Pogrom vom 7. Oktober 2023. Kein Wunder: Hier wurden hundert Mal so viele Juden ermordet wie in München 1972, und diesmal konnte nicht eine fremde Regierung für das Versagen von Militär und Polizei verantwortlich gemacht werden. Diesmal fand das Pogrom auf israelischem Boden statt. Die Ohnmacht des Militärs, des Muskeljuden, erschütterte den Judenstaat wie noch nie ein Angriff auf israelische Ziele. Es wird daher noch einige Zeit dauern, bis man in Israel begriffen hat, wie tief die Wunde reicht.

4.
ISRAEL ALS DEUTSCHE STAATSRÄSON – WOHIN MIT DEM ANTISEMITISMUS?

Der Satz, »Am 7. Oktober 2023 wurden so viele Juden an einem Tag niedergemetzelt, wie seit der Schoah nicht mehr«, ist inzwischen bereits inflationär verwendet worden. In anderen Worten bedeutet dieser Satz: Die schlimmste jüdische Katastrophe seit dem Holocaust ereignete sich auf israelischem Boden genau 80 Jahre, nachdem Deutschland für »judenrein« erklärt worden war bzw. nach Abschluss der »Aktion Reinhardt«, der etwa 1,5 Millionen Juden zum Opfer fielen. Das Versprechen des Zionismus, die optimale »Lösung der Judenfrage« anzubieten, welche die maximale Sicherheit für die Juden garantiert, erwies sich also als unhaltbar.

In Anbetracht der Tatsache, dass die Vernichtung der Juden auf dem Programm der Hamas steht, nimmt es kein Wunder, dass nach dem von ihr verübten Pogrom am 7. Oktober die Schoah als Erinnerungsort herangezogen wurde. Das wiederum musste auch die Geschichte der deutsch-israelischen Beziehungen nach der Schoah wachrufen, mit dem Schwerpunkt auf dem deutschen Versprechen, »Israels Sicherheit ist Teil der deutschen Staatsräson«.

Dieses Versprechen machte die damalige Bundeskanzlerin Angela Merkel am 18. März 2008 in ihrer Rede vor der *Knesset*, dem israelischen Parlament, zum sechzigsten Geburtstag des Staates Israel: »Jede Bundesregierung und jeder Bundeskanzler vor mir waren der besonderen historischen Verantwortung Deutschlands für die Sicherheit Israels verpflichtet. Diese historische Verantwortung Deutschlands ist Teil der Staatsräson meines Landes. Das heißt, die Sicherheit Israels ist für mich als deutsche Bundeskanzlerin niemals verhandelbar. Und wenn das so ist, dann dürfen das in der Stunde der Bewährung keine leeren Worte bleiben.« Wie so oft blieben in der kollektiven Erinnerung und im öffentlichen Diskurs nur die vier Worte haften: »Israel ist deutsche Staatsräson.«

Eine rege Diskussion entbrannte seitdem um die Frage, was dieses Versprechen praktisch zu bedeuten habe. Als 2017 die erste rechtsradikale Partei es schaffte, in den deutschen Bundestag einzuziehen, erlaubte sich deren Fraktionsvorsitzender Alexander Gauland sofort die provokante Frage: »Wenn Sie sagen, das Existenzrecht Israels gehört zur Staatsräson Deutschlands, dann müssen wir auch bereit sein, deutsche Soldaten zur Verteidigung des jüdischen Staates einzusetzen.« Roderich Kiesewetter (CDU) gab zehn Tage nach dem 7. Oktober 2023 in einem Interview seine Antwort auf diese Frage: »Ja, das [Staatsräson] bedeutet auch, dass wir bereit sind, mit unserem Leben die Sicherheit Israels zu verteidigen.«

Diese Rhetorik erweist sich jedoch als kontraproduktiv, denn sie lenkt von der grundsätzlichen Frage ab, was eigentlich zu Israels Sicherheit gehört und auf welche Art und Weise diese Sicherheit zu gewährleisten ist, noch bevor es zum Blutvergießen kommt. Vergessen ist mittlerweile die Fortsetzung des Staatsräson-Absatzes aus Angela Merkels Rede: »Deutschland setzt gemeinsam mit seinen Partnern auf eine diplomatische Lösung.« Die Sicherheit Israels, so dachte sich damals die Bundeskanzlerin zu Recht, wird durch Verhandlungen, nicht durch Kriege zu garantieren sein. Die Sicherheit Israels als deutsche Staatsräson verpflichtet also Deutschlands Politik und Deutschlands Diplomatie zum energischen Eintreten für Verhandlungen zwischen Israel und seinen Nachbarn, vor allem mit den Palästinensern.

Genau diese Aufgabe wurde seit 2008 vernachlässigt. Zugegeben, das Comeback Benjamin Netanjahus als Regierungschef, das im März 2009, genau ein Jahr nach der *Knesset*-Rede der Kanzlerin Merkel, stattfand, blockierte den Weg zur Verständigung mit den Palästinensern und ließ wenig Hoffnung auf eine Tendenzwende zu. Um Druck auf Israel auszuüben, kommen traditionsgemäß nur die USA, nicht aber Europa oder spezifisch Deutschland infrage. Trotzdem oder gerade deswegen hätte sich die EU, hätte sich auch Deutschland mehr bemühen sollen. Die Sicherheit Israels ist nicht mit mehr Militärhilfe, mehr U-Booten zu gewährleisten, sondern eher über eine Annäherung an die Länder der Region, vor allem an die Palästinenser, ausgehend von der Zweistaatenlösung.

An Lippenbekenntnissen zu dieser Lösung mangelte es zwar nicht, aber Maßnahmen zu ergreifen, um die schleichende Annexion der besetzten Gebiete durch die Siedler zu verhindern, wagte die deutsche Regierung nicht. Zwar wurde über verärgerte Telefongespräche zwischen Merkel und Netanjahu berichtet, aber Tacheles wurde nie geredet, die Leviten wurden dem bekennenden Anhänger einer aggressiven Siedlungspolitik nie gelesen. Netanjahu konnte ungestört seine Politik betreiben; sowohl Obamas Amerika als auch Merkels Deutschland fehlten der Mut oder der Wille, sich mit der israelischen Regierung anzulegen.

So wurde der Begriff »Israel ist deutsche Staatsräson« tatsächlich bereits kurz nach seiner Geburt zu einem hohlen Slogan, der mit einer langfristigen Perspektive von Sicherheit für Israel wenig zu tun hat. Der 7. Oktober 2023 hat es dann gezeigt: Finden keine Verhandlungen statt, befinden sich die Kontrahenten gewissermaßen im Vorhof zur Hölle. Der einzige Weg daraus, der dann noch frei ist, ist der Weg in die Katastrophe. Und von dem Moment an, wo es zum großen Knall kommt, ist die Möglichkeit, den Weg zurück zum Verhandlungstisch zu finden, umso schwieriger, wenn nicht sogar komplett versperrt, hat der Hass auf beiden Seiten doch mittlerweile einen neuen Gipfel erreicht.

Wenn die deutsche Regierung das Bekenntnis zu Israels Sicherheit als Staatsräson ernst nehmen will, muss sie auch einen Konflikt mit Israels Regierung in Kauf nehmen. Mehr noch: Wenn Israels Sicherheit Teil der deutschen Staatsräson sein soll, bedeutet ein derartiger Konflikt nicht die Einmischung in die Angelegenheiten eines anderen souveränen Staates, wie es von israelischer Seite oft quasi automatisch behauptet wird, vielmehr handelt es sich dann um einen Konflikt im Rahmen einer gemeinsamen Interessensphäre.

Vor dem Hintergrund der Netanjahu-Regierung des Jahres 2023 klafft die Schere zwischen dem deutschen und dem israelischen Verständnis von Israels Sicherheit noch weiter auseinander. Bereits vor dem 7. Oktober war mir klar, dass gerade die israelische Regierung die größte Gefahr für das Land und die Region ist und deshalb Deutschlands Toleranz gegenüber dieser Regierung als Verrat an der Aufgabe, Israels Sicherheit als deutsche Staatsräson zu betrachten, zu sehen ist. Darauf habe ich bereits Ende September 2023 hingewiesen, und die Katastrophe vom 7. Oktober hat meine Einschätzung auf tragische Weise bekräftigt.

Dass das offizielle Deutschland die Staatsräson-Idee jedoch eher als einen Slogan versteht, macht auch eine Vorlage des Wissenschaftlichen Dienstes des Bundestags vom 27. 3. 2020 deutlich. Die Überschrift lautet: »Ansätze/Modelle einer Zwei-Staaten-Lösung im Israelisch-Palästinensischen Konflikt«. Und das Fazit: »Angesichts der aktuellen innenpolitischen Situation in Israel und in den palästinensischen Gebieten sowie der Entwicklungen in der unmittelbaren Region ist das Zeitfenster für eine friedliche Lösung jedoch kaum noch geöffnet. Die Gründe sind offenkundig, nicht zuletzt die fortschreitende israelische Siedlungspolitik im Westjordanland und im Gebiet Ostjerusalem sowie eine betont deutliche Unterstützung israelischer Positionen durch die US-Regierung.«

Und weiter: »Sollte es nicht alsbald einen entschiedenen politischen (Durchsetzungs-)Willen der beiden direkten Konfliktparteien dafür geben, einen Interessenausgleich zu finden …, wird sich die Suche nach einer Zwei-Staaten-Lösung de facto erledigt haben. Die multilateralen Organisationen VN [Vereinte Nationen] und EU waren bei der Konfliktbegrenzung bzw. des Krisenmanagements [sic] bislang hilfreich, haben sich zur unmittelbaren Konfliktregelung und dessen Durchführung insgesamt jedoch als eher ungeeignet erwiesen. **Letztlich wird kein Weg daran vorbeiführen, dass die Konfliktparteien eine tragfähige Lösung im direkten Dialog anstreben.** [Hervorhebung im Original] Vor dem Hintergrund und den Erfahrungen der jüngeren/jüngsten gemeinsamen Geschichte bleibt dies ein schwieriges Unterfangen, aber wohl die einzige Chance.«

Im Klartext: Nur die direkten Kontrahenten, die aber offensichtlich nicht in der Lage sind, einen Weg aus der Sackgasse zu finden, können sich um eine Lösung bemühen. Die EU, zu der Deutschland gehört, ist für die Konfliktregelung »ungeeignet«. Wie soll man diese Logik verstehen? Das wahre Fazit für die deutsche Politik, wenn dieses Papier des Wissenschaftlichen Dienstes des Bundestags ernst genommen wird, lautet also: Hände weg davon! Da die Sicherheit Israels nur durch eine Konfliktregelung über die Zweistaatenlösung zu gewährleisten ist und Deutschland resignieren muss, weil es »ungeeignet« ist, bleibt die Parole »Israel ist deutsche Staatsräson« ein Bluff, und der Weg in den Abgrund ist frei.

Im engen Zusammenhang mit dem Slogan »Staatsräson« kommt auch die Parole »Nie wieder!« häufig vor, etwa im Sinne von: Nie wieder darf Israel etwas Schoah-Ähnliches widerfahren. Nun ist aber genau das passiert, und auch Deutschland hat es nicht verhindert, konnte es nicht verhindern. So richten die Deutschen die

»Nie wieder«-Parole meist nach innen – nie wieder darf den Juden in Deutschland das angetan werden, was den Juden in der NS-Zeit angetan wurde, von der Diskriminierung bis hin zum Massenmord. So legt die Bundesrepublik vor dem Hintergrund der NS-Vergangenheit verständlicherweise besonders viel Wert auf die Bekämpfung des Antisemitismus. Die Verabschiedung eines entsprechenden Gesetzes, die Anweisungen an die Polizei, die Einstellung der Justiz – das alles sind Mittel im Dienste dieses entschlossenen Kampfes, und die vielen Antisemitismusbeauftragten sorgen im Vorfeld für Aufklärung und Aufspüren von antisemitischen Tendenzen in der Gesellschaft.

Nur, woran erkennt man den Antisemitismus, den man bekämpfen möchte? Der jüdische Humor bietet dazu die folgende Antwort an: Antisemitismus ist, wenn man den Juden mehr hasst, als er es verdient hat. In dieser jüdischen Definition steckt selbst bereits eine gute Portion von sarkastischem Antisemitismus, wie er unreflektiert so oft in Witzen über Juden vorkommt.

Um die Definition vom Antisemitismus streiten heute Sozialwissenschaftler, Historiker und viele andere mehr als je zuvor. International populär ist die Arbeitsdefinition der »Internationalen Allianz zum Holocaustgedenken (IHRA)«, die im Jahr 2016 verabschiedet und im Jahr darauf von Deutschland per Kabinettsbeschluss angenommen wurde: »Antisemitismus ist eine bestimmte

Wahrnehmung von Juden, die sich als Hass gegenüber Juden ausdrücken kann.« Da diese Definition für den normalen »Benutzer« zu vage ist, formulierte 2021 eine Gruppe von Jerusalemer Antisemitismusforschern (zu der auch ich gehöre) eine präzisere Definition: »Antisemitismus ist Diskriminierung, Vorurteil, Feindseligkeit oder Gewalt gegen Jüdinnen und Juden als Jüdinnen und Juden (oder jüdische Einrichtungen als jüdische).«

Wie sollen aber diese Definitionen praktisch, quasi als »Gebrauchsanweisungen«, umgesetzt werden, um das »Nie wieder« zu konkretisieren? Beide Definitionen bieten hierfür Erläuterungen oder Beispiele an, um deutlich zu machen, ob eine Haltung, Handlungsweise oder Straftat in die Rubrik Antisemitismus gehört oder nicht. Diese Erläuterungen können zum Beispiel dabei helfen, den antisemitischen Inhalt des oben zitierten Witzes zu erkennen. Dem deutschen Leser kommt hier auch ein »unabhängiger Expertenkreis« zu Hilfe, der 2017 dem Bundestag das Ergebnis seiner Arbeit vorgelegt hat. Auch dieser Expertenkreis hat eine Definition vorgeschlagen: »Antisemitismus ist eine Sammelbezeichnung für alle Einstellungen und Verhaltensweisen, die den als Juden wahrgenommenen Einzelpersonen, Gruppen oder Institutionen aufgrund dieser Zugehörigkeit negative Eigenschaften unterstellen.«

Aber der Expertenkreis hat auch gemäß dem Stand der Forschung noch einen weiteren Schritt gemacht und das Phänomen Antisemitismus in drei Kategorien unterteilt: in den »klassischen« Antisemitismus, d. h. den altbekannten Judenhass, in den sekundären Antisemitismus, d. h. die Leugnung oder Relativierung der Schoah, und schließlich, drittens, in den israelbezogenen Antisemitismus.

Die auffälligste aktuelle Herausforderung durch den Antisemitismus zeigt sich im Rahmen der dritten Kategorie, was vor allem in Zeiten von Nahost-Krisen ersichtlich ist. Der 7. Oktober 2023 und der daraufhin folgende Krieg wurden hier zum Extremfall. Vor dem Hintergrund der Rolle Deutschlands in der NS-Zeit ist die Herausforderung für das heutige Deutschland auch im internationalen Vergleich exzeptionell. Da sich Deutschland eine besondere Verantwortung für das Schicksal der Juden nach der Schoah auferlegt hat und da Israel zu verstehen gibt, dass es sich als Alleinvertreter des jüdischen Volkes und der jüdischen Geschichte fühlt, ist der Umgang mit dieser Kategorie des Antisemitismus besonders heikel.

Auch hierzu muss man beim Grundlegenden anfangen, bei der Definition: Was heißt »israelbezogener Antisemitismus«? Schaut man auf das Dokument der IHRA und auf die dort angeführten Beispiele, so ist diese Kategorie des Antisemitismus am stärksten vertreten. Die IHRA-Definition ist so weit gefasst, dass die Experten der Jerusalem-Deklaration sich veranlasst sahen, das zu benennen, was nicht in diese Kategorie hineingehört, zum Beispiel: »faktenbasierte Kritik an Israel als Staat« oder »Boykott, Desinvestition und Sanktionen sind gängige, gewaltfreie Formen des politischen Protests gegen Staaten. Im Falle Israels sind sie nicht per se antisemitisch.« Wenn also zum Boykott von Produkten aus den **besetzten Gebieten** aufgerufen wird, ist das an und für sich noch kein Antisemitismus. Gerade diese Haltung ist in Deutschland verpönt, denn am 17. Mai 2019 verabschiedete der Bundestag die Resolution »BDS-Bewegung entschlossen entgegentreten – Antisemitismus bekämpfen«, die den Kampf gegen die BDS-Initiative zum Angelpunkt des Kampfes gegen Antisemitismus aufwertete.

Fest stand bereits im Jahr 2017, als der Expertenkreis des Bundestags seine Befunde vorlegte, dass der israelbezogene Antisemitismus etwa achtmal so häufig verbreitet ist wie der »klassische« Antisemitismus. Dieser Befund deutet entweder darauf hin, dass Israel und der Konflikt mit den Palästinensern sich als Nährboden für Antisemitismus besonders günstig anbieten oder dass die Definition dieser Kategorie unscharf ist – oder auch beides. Jedenfalls erfahren wir immer wieder, dass israelische Politiker und Diplomaten dahin tendieren, Kritik an der israelischen Politik als Antisemitismus anzuprangern, wohl wissend, wie effektiv dieser Vorwurf in Deutschland wirkt.

»Du sollst den Namen des Herrn, deines Gottes, nicht missbrauchen«, heißt es im Buch Exodus (Kap. 20). Im übertragenen Sinne könnte man sagen »Du sollst den Begriff Antisemitismus, auch israelbezogener Antisemitismus, nicht missbrauchen«, denn das rächt sich im Kampf gegen den wahren Antisemitismus.

Als nach dem 7. Oktober anti-israelische bzw. propalästinensische Demonstrationen auch in Deutschland stattfanden, auf denen auch eindeutig antisemitische Parolen skandiert wurden, läuteten die Alarmglocken nicht überall, weil es zuvor zu viele falsche Alarmrufe gegeben hat. Zwar reagierte die politische Klasse in Deutschland am Anfang bestürzt auf die Sympathiebekundungen für die Hamas oder auch für die Palästinenser, aber der Effekt dieser Reaktion ließ schnell nach, während der »klassische«, der traditionelle Antisemitismus, der gegen Juden in Deutschland gerichtet ist, zunahm.

Das erinnert an die Geschichte vom Hirtenjungen, der aus Spaß mehrmals »Hilfe, der Wolf kommt!« rief, um den Dorfbewohnern einen Schrecken einzujagen, dann aber, als tatsächlich ein Rudel von Wölfen auf ihn und seine Herde zukam, feststellen musste, dass die Dorfbewohner nichts unternahmen, um ihm zu Hilfe zu kommen, weil sie ihm nicht mehr glaubten.

Übertragen auf den »Nie wieder«-Antisemitismus ist das eine beunruhigende Fabel. Der Fall des in Deutschland bekannten Sängers Gil Ofarim, der, nachdem er dem Hotelpersonal in Leipzig Antisemitismus vorgeworfen hatte, vor Gericht gestehen musste, dass er die Geschichte erfunden hatte, ist ein extremer Fall dieser Wolfs-Fabel. Er und diejenigen, die automatisch den »Wolf«-Warnungen glauben (inklusive der Antisemitismusbeauftragten) und aufschreien, auch wenn es dazu keinen Grund gibt, erweisen dem Kampf gegen den echten Wolf, gegen den Antisemitismus, einen enormen Bärendienst.

Auf die Diaspora-Juden als Geiseln einer unüberlegten bzw. rücksichtslosen israelischen Politik komme ich später noch zu sprechen. Hier nur ein Beispiel für einen weiteren eklatanten Missbrauch des Antisemitismusvorwurfs: In Hamburg, auf dem Bornplatz, heute zu Ehren des bei Riga im März 1942 ermordeten Rabbiners Joseph Carlebach umbenannt, befindet sich seit 1988, seit dem fünfzigsten Jahrestag zur Erinnerung an die Reichspogromnacht, ein Mosaik. Dieses Mosaik ist als Mahnmal konzipiert, das die Konturen der von den Nazis zerstörten Bornplatz-Synagoge, die dort bis 1939 stand, wiedergibt. An der Einweihung dieses Mahnmals nahmen ehemalige Hamburger Juden teil, Überlebende der Nazizeit, die damit eine klare Botschaft senden wollten: Dieses Mahnmal soll auf eine Lücke im Stadtbild hinweisen, die durch die Judenpolitik des Dritten Reichs entstand – ein Mahnmal für immer, wie etwa die Ruine der Gedächtniskirche in Berlin oder der Nikolaikirche in Hamburg.

Vor einigen Jahren kam die Idee auf, die Synagoge an dieser Stelle als genaue Replik der alten Synagoge wiederaufzubauen. Diese so pietätlose wie auch erinnerungspolitisch verwerfliche Idee – denn die Beseitigung eines solchen Mahnmals gehört zur Kategorie des sekundären Antisemitismus – sollte vom Staat finanziert werden. Um der Idee Legitimität zu verschaffen und die Finanzierung zu sichern, wurde die Parole benutzt »Für den Wiederaufbau – gegen Antisemitismus«. Eine israelische Ministerin ließ sich mit einem Transparent mit dieser Parole gemeinsam mit einer Hamburger Senatorin fotografieren.

Der Widerstand gegen dieses Sakrileg (eine Synagoge sollte doch auch wohl ohne die Zerstörung des Mahnmals entstehen können) kam von den Nachkommen der Hamburger Juden, die den Krieg dank Auswanderung der Kriegsgeneration überlebt haben, Nachkommen wie ich, Enkel eines der Gründer der Synagoge und Sohn seiner Tochter, die 1988 an der Einweihung des Mahnmals teilnahm. Der an den Bürgermeister gerichtete Protest der israelischen Nachkommen der verfolgten Hamburger Juden blieb unbeantwortet, denn gegen einen philosemitischen Slogan, obwohl er den Antisemitismus-Vorwurf missbraucht, ist in Deutschland kein Kraut gewachsen. Die Israelis, die gegen die Beseitigung eines

Schoah-Erinnerungsortes sind, werden von den Verfechtern des Slogans »Israel ist deutsche Staatsräson« nicht wahrgenommen.

Der Angriff der Hamas auf Israel am 7. Oktober und der darauf folgende Gaza-Krieg haben die deutsche Diskussion um Israel als Staatsräson und um den Antisemitismus wieder wachgerüttelt. Nun ging es um eine praktische Antwort auf die Frage: Was bedeutet konkret Israel als Teil der deutschen Staatsräson, wie hat Deutschland zu reagieren? Eine Umfrage des »Politbarometers« von Ende 2023 stellte die Frage nach der Unterstützung der Bundesregierung für Israel nach dem 7. Oktober. 45 Prozent fanden die Unterstützung gerade richtig, 10 Prozent sogar zu wenig, aber 21 Prozent zu viel.

Interessant ist dabei die Aufteilung nach Parteizugehörigkeit: Die AfD, die sich immer gern auf die Seite Israels stellt, wenn auf diesem Umweg die Asyl- und Einwanderungspolitik Deutschlands kritisiert werden kann, und die auch Kontakte zur Siedlerbewegung pflegt, erweist sich als am wenigsten israelfreundlich: 42 Prozent meinen, dass Israel zu viel Unterstützung bekommt. Dass auch 34 Prozent der Anhänger der Linken so denken, überrascht nicht. Bei der FDP, der Partei der Besserverdienenden, sind es immerhin 32 Prozent, am wenigsten aber finden sich bei der SPD und den Grünen, 9 Prozent bzw. 10 Prozent (bei Anhängern der CDU/CSU, den Parteien, die die Staatsräson-Formel eingeführt haben,

19 Prozent). Vielleicht sind diese Zahlen ein Indiz dafür, wie die Parole »Israel als Teil der deutschen Staatsräson« wahrgenommen wird, aber auch wie man Antisemitismus in Deutschland aufspüren könnte.

Die Antwort auf die Frage: Sollte sich Deutschland nicht mehr als bislang um eine Zweistaatenlösung bemühen?, lässt auf sich warten, weil diese Frage im Zusammenhang mit der zur Parole gewordenen Staatsräson tunlichst vermieden wird.

5.
EUROPÄISCHE WURZELN, POSTKOLONIALE RÜCKSCHAU

Viele Menschen in Deutschland, die dem Imperativ »Die Existenz Israels ist deutsche Staatsräson« zustimmen, gehen von einer historiografisch unfundierten Prämisse aus, dass nämlich der **Staat Israel** wegen der Schoah entstanden sei, d. h. kausal aus der Schoah resultiere. Diese Prämisse ist schon deswegen fraglich, weil die Schoah dem zionistischen Unternehmen eher geschadet als ihm »geholfen« hat: Millionen von Juden, mit deren Auswanderung nach Palästina die Zionisten vor 1933 gerechnet hatten, wurden ermordet; das Hinterland der zionistischen Bewegung – Europa –, das die demografische Quelle für den *Jischuv*, das jüdische Gemeinwesen vor der Staatsgründung, hätte werden sollen, hatte damit eine Katastrophe erlitten, welche die Verwirklichung des zionistischen Programms extrem gefährden musste. Die besondere Verantwortung Deutschlands gegenüber Israel liegt also vielmehr darin, dass das Dritte Reich es beinahe geschafft hätte, den zionistischen *Jischuv* stagnieren zu lassen, und sogar im Begriff war, falls Rommel und seine Wehrmacht das Land 1942 erobert hätten, die Juden Palästinas auf dieselbe Art zu vernichten wie ihre Brüder in Europa.

Mindestens ungenau ist auch die Behauptung, dass der **Zionismus** wegen der Schoah entstanden ist. Denn den Zionismus gab es lange vor 1945, auch schon lange vor 1933. Er entstand bereits vor Ende des 19. Jahrhunderts, und die fünf Einwanderungswellen (*Alijot*) nach Palästina zwischen 1881 und 1940 waren nicht durch die Schoah verursacht, sondern vor allem durch den in ganz Europa verbreiteten Antisemitismus und Nationalismus. Die Anfänge des Zionismus waren also eine Antwort auf ein gesamteuropäisches Problem – mit dem Schwerpunkt auf Osteuropa, nicht auf Deutschland. Die sogenannte fünfte *Alija*, die sich zum großen Teil aus dem Gebiet des »Großdeutschen Reichs« seit 1933 speiste, galt zwar als wichtiger Beitrag zur Entwicklung des zionistischen *Jischuv* in Palästina (auf Hebräisch: im Lande Israel), beruhte aber auf einem bereits soliden Fundament der früheren *Alijot*. Der Ursprung wie auch der Charakter des zionistischen Unternehmens blieb gesamteuropäisch.

Die schon erwähnte Idee, die Juden als Nation zu begreifen statt als Religionsgemeinschaft, hatte ihre Wurzeln in Europa, im europäischen Nationalgedanken bzw. im europäischen Nationalismus der Neuzeit. Auch die Vorstellung, sich als europäische Menschen, in diesem Fall europäische Juden, außerhalb Europas – abgesondert von der autochthonen Bevölkerung – niederlassen zu dürfen, ist europäisch.

Die zionistische Bewegung entstand ja in der Hochzeit des europäischen Imperialismus, und Theodor Herzls Vision vom Judenstaat als Lösung der »Judenfrage«, also als Antwort auf den Antisemitismus, konnte gegen Ende des 19. Jahrhunderts nur dann in Erfüllung gehen, wenn sie von einer imperialen Großmacht unterstützt werden würde. Er wandte sich daher an den deutschen Kaiser, erhoffte sich die Unterstützung des Deutschen Reichs, das damals der wichtigste Verbündete des Osmanischen Reichs war, das die Herrschaft über das gesamte Gebiet entlang des östlichen Mittelmeers ausübte.

Doch es kam anders, und nach dem Ersten Weltkrieg erhielt Großbritannien vom Völkerbund den Auftrag, Palästina als Mandatsland zu übernehmen. Die Mitverantwortung Deutschlands für die Besiedlung Palästinas durch Zionisten ist von daher entsprechend begrenzt. Es geht im Grunde mehr um die Beziehung des europäischen Imperialismus im Allgemeinen zur zionistischen Kolonisation von Palästina.

Diese historische Retrospektive bedeutet also: Die

besondere Verantwortung Deutschlands wegen der Schoah gilt dem Kollektiv, das man Juden nennt. Die Verantwortung gegenüber Israel ist ein Teil der Verantwortung Europas und Deutschlands gegenüber den Juden, aber auch die Konsequenz aus der Ermordung eines Großteils der potenziellen Einwanderer nach Palästina durch die Deutschen und ihre Helfer. Die simplizistische Formel »Opfer der Opfer«, gemeint sind die Palästinenser als »Opfer« der israelischen »Täter«, die Nachkommen der jüdischen Opfer sind – ein antisemitisches Klischee –, hinkt also. Wenn überhaupt, dann hat sie eher mit Europa im Ganzen als nur allein mit Deutschland zu tun.

Nun hört sich diese Rückschau, oberflächlich betrachtet, wie eine Bestätigung der postkolonialen Kritik an Israel und am Zionismus an. Diese Kritik konnte sich in der letzten Zeit nicht nur in der angelsächsischen und frankophonen Welt, sondern auch in Deutschland verbreiten und zur Relativierung der Schoah neben einer Delegitimierung Israels führen. Diese Relativierung und diese Delegitimierung sind weder meine Absicht, noch entsprechen sie dem Inhalt dieser Retrospektive.

Der postkoloniale Trend in der Politik wie auch im sozialwissenschaftlichen Zugang zur Gegenwart und Vergangenheit ist keine überraschende Reaktion auf das, was man Kolonialismus oder Imperialismus nennt. Es überrascht ebenso wenig, dass die lautesten kritischen

Stimmen gegen Imperialismus und Kolonialismus sich eben aus den früheren Herrschaftsgebieten Großbritanniens oder Frankreichs erheben.

Schließlich waren Frankreich und Großbritannien die großen Kolonialreiche des 19. Jahrhunderts, und die bekanntesten Sprecher des Postkolonialismus kamen daher aus dieser Kultursphäre. Zitiert werden in der Regel die Klassiker Frantz Fanon (*Schwarze Haut, weiße Masken*), Albert Memmi (*Der Kolonisator und der Kolonisierte: zwei Porträts*), Homi K. Bhabha (*Von Mimikry und Mensch – die Ambivalenz des kolonialen Diskurses*) oder – für den Nahost-Konflikt besonders relevant – Edward Said (*Orientalismus*). Es gibt aber auch jüdische Anhänger dieser Denkströmung, so zum Beispiel den Religionswissenschaftler Daniel Boyarin, der den Zionismus eine »parodistische Nachahmung des Kolonialismus« nannte und vor Kurzem für eine »No-State solution« plädierte, also sich im Prinzip gegen die Idee eines Judenstaates wandte, egal ob im Rahmen einer Ein- oder einer Zweistaatenlösung.

Für Deutschland, das einerseits eine nur begrenzte und kurze Kolonialgeschichte, dafür jedoch die Schoah als historische Schuld »im Gepäck« hat, war dieser postkoloniale Trend früher eher marginal. Bis auch der öffentliche Diskurs hierzulande von diesem Trend eingeholt wurde, spätestens dank der Debatte um den aus Kamerun stammenden Achille Mbembe (*Postkolonie.*

Zur politischen Vorstellungskraft im gegenwärtigen Afrika), nachdem 2020 seine Einladung zu einem Vortrag in Deutschland heftige Emotionen ausgelöst hatte: Jemand, der Israels Politik Apartheid nennt – das war für deutsche Verhältnisse denn doch ein Schritt zu viel.

Nicht, dass es vorher an Kritik am deutschen Kolonialismus gefehlt hätte. Der Historiker Jürgen Zimmerer ist dafür ein gutes Beispiel. Solange es aber »nur« um den Völkermord an den Herero und Nama vor mehr als hundert Jahren oder um geraubte Kulturschätze ging, war diese postkoloniale Haltung beim Thema Israel noch irrelevant. Die Mbembe-Debatte, zusammen mit der Intervention des australischen Historikers Dirk Moses, hatte einen Kurzschluss verursacht – unter dem postkolonialen Schirm wurden der Umgang mit der Schoah und Israels Palästina-Politik in einen schiefen Zusammenhang gezwängt.

Zwischen Mbembes Aufruf zur »globalen Isolation« Israels und Dirk Moses' Kritik an Deutschlands Schoah-Erinnerungspolitik erhielt der Titel des Buches von Zimmerer, *Von Windhuk nach Auschwitz? Beiträge zum Verhältnis von Kolonialismus und Holocaust* (2011), eine unerwartete Brisanz. In der Documenta Fifteen meldete sich alsdann der »Globale Süden« in Kassel mit einem antisemitischen Beitrag zu Wort, und plötzlich landete auch in Deutschland der Diskurs um den Israel-Palästina-Konflikt im postkolonialen Kontext.

Dramatisch wurde diese Entwicklung – und das ist der springende Punkt –, weil somit im deutschen Diskurs die Schoah einerseits und der Zionismus andererseits den »Großen Begriffen« – Genozid, Rassismus, Kolonialismus – untergeordnet und auf diesem Weg auch relativiert werden konnten. Kein Wunder, dass im Jahr 2021 auch das Buch des amerikanischen Historikers Michael Rothberg, *Multidirektionale Erinnerung: Holocaustgedenken im Zeitalter der Dekolonisierung* auf Deutsch erschien. Somit war ein wichtiges gegen den Antisemitismus eingebautes Sicherheitsventil geöffnet und die Reaktion darauf entsprechend vehement.

Selbstverständlich darf man Rassismus, Apartheids-Praktiken und koloniale Bestrebungen in Israel beim Namen nennen. Das habe ich auch im ersten Teil dieses Kapitels getan. Nur ist bei vielen Äußerungen – gerade in Deutschland – die Absicht zu vermuten, dass hinter der Zuordnung von Israels Regierungssystem zum Begriff Apartheid oder des Israel-Palästina-Konflikts zum Sammelbegriff Genozid und sogar des Holocaust eine Relativierung der Schoah und eine pauschale Delegitimierung des Staates Israel und des Zionismus betrieben werden soll, in anderen Worten – sie sind oft antisemitisch motiviert. Das lässt eine sachliche und ethisch saubere historische Retrospektive nicht zu. Erstens ist diese Pauschalisierung unbegründet, und zweitens ignoriert sie sowohl die Motive als auch die Zwänge der zionistischen Politik wie auch die zeitbedingten Anpassungsversuche der zionistischen Bewegung an den Zeitgeist.

Hätte es, erstens, im national gesinnten Europa des späten 19. Jahrhunderts den Antisemitismus, also den Versuch, Juden auszugrenzen und die Gleichberechtigung dort, wo sie bereits vollbracht war, rückgängig zu machen, nicht gegeben, hätte es für Juden keinen Grund gegeben, sich außerhalb Europas als Nation niederlassen zu wollen. Denn für Juden als Religionsgemeinschaft ist die Rückkehr nach Zion eigentlich erst mit dem Erscheinen des Messias erlaubt. Deshalb harrten die Juden auch nahezu zweitausend Jahre in der Diaspora aus.

Zudem musste die Kolonisation Palästinas, das sollte man zweitens im Blick behalten, nicht zwangsläufig dazu führen, in Konflikt mit den dortigen Arabern zu geraten: Ein Nebeneinander stand, zumindest theoretisch, nach der Vision von Herzl in seinem zweiten Buch *Altneuland* auf der Agenda (an ein Land ohne Volk für ein Volk ohne Land glaubten seit Beginn des 20. Jahrhunderts auch die meisten Zionisten nicht). Auch war die Gründung des Staates Israel durch eine UN-Resolution (29. 11. 1947) legitimiert, also völkerrechtlich abgesichert und deshalb nicht aufgrund von postkolonialen Argumenten rückgängig zu machen.

Postkoloniale Kritik an Israel kommt »naturgemäß« eher vom linken Flügel der ideologischen Skala. Den

Antisemitismus aus der linken Ecke kennen wir bereits seit den späten 60er-Jahren des 20. Jahrhunderts, er wurde aber nicht von »der Mitte der Gesellschaft«, auch nicht von der etablierten Sozialdemokratie gutgeheißen. Der Ausspruch »Antisemitismus ist der Sozialismus der dummen Kerls« stammt ja von dem Mitbegründer der deutschen Sozialdemokratie August Bebel.

Die oft behauptete Symmetrie »Antisemitismus von rechts wie von links« ist jedoch zumeist der offensichtliche Versuch, von der dominanten Rolle des Antisemitismus von rechts abzulenken. Was sich in den letzten Jahren allerdings geändert hat, ist das Auftauchen dieser linken antisemitischen Israelkritik im akademischen Alltag, im Feuilleton und in der »Mitte der Gesellschaft«. So in Amerika, in Frankreich, in Großbritannien, aber auch in Deutschland.

Hier muss ich zugeben, dass ich das Potenzial dieser Gefahr in der Vergangenheit unterschätzt habe. Die Reaktion aus dieser Richtung auf das, was seit dem 7. Oktober um mich herum geschah, hat mich misstrauisch gestimmt. Begeben sich manche auf den Weg nach links, nur um so ein Alibi für ihren Antisemitismus zu finden? Zwar hoffe ich auch jetzt noch, wie in der Vergangenheit, dass der Holocaust-Überlebende Jean Améry mit dem genau vor einem halben Jahrhundert geschriebenen Satz eine Übertreibung beging: »Wer die Existenzberechtigung Israels in Frage stellt, der ist entweder zu dumm, um einzusehen, daß er bei der Veranstaltung eines Über-Auschwitz mitwirkt, oder er steuert bewußt auf dieses Über-Auschwitz hin.« Aber eine Relativierung oder Rechtfertigung, sogar ein Lob vom linken Flügel, vor allem in akademischen Kreisen, für das, was Juden am 7. Oktober 2023 angetan wurde – das halte ich auf jeden Fall für Antisemitismus pur, den besonders Menschen auf dem linken Flügel, gute Sozialdemokraten eingeschlossen, verurteilen müssen.

Als Beobachter des Nahost-Konflikts wie auch als Historiker, der mit der Geschichte Israels vertraut ist, gerät man jedoch zwischen Scylla und Charybdis – einerseits die pauschalen, teilweise antisemitisch motivierten Versuche der Delegitimierung des zionistischen Unternehmens unter einem postkolonialen Deckmantel, andererseits die Handlungsweisen der israelischen Politik und der israelischen rechts-nationalistischen Regierungen, die es den Vertretern der postkolonialen Rechthaberei leicht machen, ihre Vorwürfe, gelegentlich auch ihre Vorurteile gegen Israel und den Zionismus bestätigt zu bekommen. Vor allem die Regierung, die in Israel im Jahr 2023 entstand, mit rechtsextremen Ministern und mit einem fundamentalistisch-rassistischen Programm sowie nicht zuletzt der Art des Krieges, den sie in Gaza führt, liefert diesen Postkolonialisten (nicht nur in Deutschland) Wasser auf die Mühlen.

6.
ISRAEL – STAAT OHNE GRENZEN

Von der Maas bis an die Memel,
Von der Etsch bis an den Belt (...)

So stellte sich der Dichter Hoffmann von Fallersleben im Jahr 1841 die Grenzen Deutschlands in seinem »Lied der Deutschen« vor. Ein Blick auf die Landkarte zeigt, wie vage – und dazu unvereinbar mit den damaligen Grenzen des Deutschen Bundes – seine Vorstellung war. Grenzen im Zeitalter des Nationalismus richten sich ja nicht bloß nach den Gegebenheiten der Natur, wie beispielsweise dem Verlauf von Flüssen, sondern nach Herkunft, Sprache, Geschichte und Selbstbestimmung der Bevölkerung, was seit Beginn der Neuzeit eng mit dem Begriff der Souveränität verquickt ist. Wie kompliziert die Konkretisierung dieser Grundregel ist, lehrt sehr deutlich die Geschichte von Deutschlands Grenzen, seitdem das

»Lied der Deutschen« geschrieben wurde – 1848, 1866, 1871, 1918, 1938 ... bis 1990.

Noch komplizierter ist die Geschichte der Grenzen des Judenstaates. Für Theodor Herzl stand diese Frage noch nicht auf der Tagesordnung. Typisch war die Grafik auf der ersten Seite der im Jahr 1897 gegründeten zionistischen Wochenzeitung *Die Welt*: In der Mitte des Titels, zwischen »Die« und »Welt«, erschien ein Davidstern, der eine Karte des gesamten Ostmittelmeerraums umrahmte. Das Wort Palästina erschien in Kleinschrift, doch die Grenzen waren nicht angegeben. Zionisten, die auf die Geschichte zurückblickten, um eine Grenze vorzuschlagen, fanden sehr unterschiedliche Referenzen: In der Bibel steht (Genesis 15, 18): »Deinen Nachkommen will ich dieses Land geben vom Strome Ägyptens an bis zum großen Strom, dem Euphratstrom.« Auch wenn der Strom Ägyptens Wadi El Arish sein sollte und nicht der Nil, fehlen uns die Nord- und die Südgrenze. Das Königreich von David und Salomon erstreckte sich entsprechend auf beiden Seiten des Jordans. Schaut man auf die von der *Mischna* vorgeschriebenen Grenzen des Landes (denn es gibt besondere religiöse Gebote, die nur im Land Israel einzuhalten sind), so ergibt sich ein viel kleineres Land Israel. Bezieht man sich auf das Territorium *Syria-Palaestina, Coele Syria* oder *Palaestina prima* im Römischen Reich, ergeben sich wieder andere Grenzen (die Golan-Höhen zum

Beispiel gehören dann zu Palästina). Und das von den europäischen Kreuzfahrern 1099 gegründete Königreich Jerusalem wiederum erhielt Grenzen, die an das spätere Mandatsgebiet erinnern.

Als die Briten das Mandatsgebiet Palästina übernommen haben, gehörte bis 1922, wie bereits erwähnt, auch Transjordanien dazu, dessen Grenzen mit dem Lineal skizziert wurden, wie auch die sonstigen Grenzen in der Region nach dem Ersten Weltkrieg (oder in Afrika im 19. Jahrhundert). Was bis heute Palästinas Territorium umfasst, ist also das, was 1922 von den Briten als der vom Völkerbund beauftragten Macht festgelegt wurde. Das ist es, was Palästinenser (so ihre Selbstbezeichnung seit der *Nakba,* der Katastrophe von 1948), die nicht neben einem Judenstaat leben wollten, und israelische Nationalisten, die Palästina Ganz-Israel nennen, exklusiv für sich in Anspruch nehmen und worum es im Konflikt zwischen Israelis und Palästinensern bis heute geht.

»Geheiligt« wurden diese Grenzen Palästinas im Endeffekt durch die Kartografen Großbritanniens. Später, als der ägyptische Präsident Anwar as-Sadat über den Rückzug Israels aus dem Sinai verhandelte, bestand er darauf, das ägyptische Gebiet »bis zum letzten Sandkorn« zurückzugewinnen. Als es um die wenigen Hundert Quadratmeter von Taba (am Golf von Akaba bzw. Eilat) ging, bezog er sich auf den Verlauf der für ihn »heiligen« Mandatsgrenze und nicht auf die im Jahr 1906 zwischen Großbritannien und dem Osmanischen Reich vereinbarte Grenze, die von Israel bevorzugt wurde.

Der nächste Streich ereignete sich während der Mandatszeit, als die zwei Gemeinschaften – die arabische und die jüdisch-zionistische – in einen derartigen Konflikt geraten waren, dass der einzige Ausweg die Teilung Palästinas zu sein schien – in anderen Worten: die Zweistaatenlösung. 1937 wurde diese Lösung zum ersten Mal vorgeschlagen, ohne Erfolg. Zum zweiten Mal dann 1947, bevor die Briten sich aus Palästina zurückzogen. Die Grenzen von 1937, aber auch die von 1947, blieben jedoch ein bloßer Vorschlag. Im »Lied der *Palmach*«, der Elite-Kämpfertruppe der zionistischen Streitkräfte, wurden die folgenden Grenzen skizziert, die das gesamte Palästina umfassen sollten. Jedes Kind in Israel kannte dieses Lied; auch ich gehörte zu denen, die das Lied mit Inbrunst gesungen haben:

Von Metulla bis zum Negev,
Vom Meer bis hin zur Wüste

Wo die Wüste liegt und was diese Zeilen praktisch bedeuten könnten – darüber hat sich, wenn ich mich recht entsinne, damals niemand den Kopf zerbrochen.

Am 15. Mai 1948 griffen die arabischen Staaten den soeben gegründeten Staat Israel an, erlitten jedoch eine Niederlage. Im Verlaufe des Krieges konnten die israelischen Streitkräfte vordringen und das Territorium Israels in Palästina weit über die Teilungsplan-Grenzen hinaus ausdehnen. Wie es 1967 weiterging, haben wir bereits oben erfahren. Wichtig ist die Tatsache, dass die Grenzen, die im Jahr 1949 nach diesem ersten Krieg vereinbart wurden, keine offiziellen Grenzen des Staates waren, die von den Nachbarn als solche anerkannt wurden, sondern lediglich Waffenstillstandslinien, also vorläufige Grenzen.

Erst mit dem Frieden, den Israel mit Ägypten 1979 und mit Jordanien 1995 geschlossen hatte, entstand eine Grenzlinie, die nach internationalem Recht als Grenze anerkannt war. Gleichwohl blieben aber auch danach noch zwei Probleme: Die Nordgrenze zu Libanon und Syrien blieb eine Waffenstillstandsgrenze zu den Nachbarn, die mit Israel keinen Frieden schließen wollten. Und was noch schwerer wog: Die von Israel im Krieg von 1967 eroberten Gebiete sollten zwar einen autonomen Status erhalten, doch die Grenzen des früheren Waffenstillstands waren nun umstritten. Dieses Problem versuchte das Osloer Prinzipienabkommen 1993 zu lösen, am Ende ohne Erfolg.

Sollte es – mehr als 30 Jahre nach Oslo – zu einer Zweistaatenlösung kommen, stellt sich sowohl für das Westjordanland als auch für den Gazastreifen die Frage: Wo soll hier die Grenze verlaufen? Was soll mit den jüdischen Siedlungen auf dem Gebiet geschehen, das den Palästinensern zugesprochen werden soll? Wie ist die

Frage der Souveränität zu lösen, vor allem beim Thema Jerusalem und dem Tempelberg? Möchte man diesen langen ersten Teil dieses Kapitels in einem Satz zusammenfassen, so müsste es heißen: Israel schafft es nicht, ein normaler Staat mit international anerkannten, normalen Grenzen zu werden, da alle Anläufe auf eine Zweistaatenlösung hin bislang scheiterten. Darauf kommen wir im letzten Kapitel wieder zu sprechen.

Es gibt aber noch einen weiteren Aspekt der Grenzenlosigkeit, der ebenfalls nicht unberücksichtigt bleiben darf. Zuerst soll daran erinnert werden, dass nur ein kleiner Teil der weltweiten jüdischen Bevölkerung zur Zeit der Entstehung des Zionismus sich auf dem später Palästina genannten Territorium befand. Auch zur Zeit der Staatsgründung lebten auf dem Gebiet des neuen Staates Israel nur etwa 600 000 Juden. Mehr als zehn Millionen Juden, die es nach der Schoah noch gab, lebten in der weltweiten Diaspora. Nur die Teilung Palästinas hat es also möglich gemacht, in dieser demografischen Lage einen Judenstaat mit einer jüdischen Mehrheit zu gründen. Eine jüdische Mehrheit von etwa 90 Prozent wurde auch deswegen erreicht, weil Hunderttausende arabische Palästinenser über die neuen Grenzen geflüchtet waren oder vertrieben wurden. Die Einwanderung von Juden seit der Staatsgründung hat sodann erheblich dazu beigetragen, dass diese jüdische Mehrheit bis zum Jahr 2023 auf mehr als 7,1 Millionen gewachsen ist, d. h., die Zahl der Juden in Israel konnte sich innerhalb von 75 Jahren mehr als verzehnfachen. Wohlgemerkt: Etwa 10 Prozent dieser Juden leben mittlerweile als Siedler mit israelischer Staatsbürgerschaft jenseits der Waffenstillstandsgrenze von 1949, also im von Israel besetzten Westjordanland.

Und es gibt eine weitere Besonderheit dieses Staates und seiner Grenzen: Seine Raison d'être bestand von Beginn an darin, der Zufluchtsort für die in der Diaspora verfolgten und diskriminierten Juden zu sein. Betrachtet man die Diaspora-Juden als Auslandsjuden, so zeigt sich bei den amerikanischen Juden im Vergleich zu der italienischen oder deutschen Diaspora in Amerika eine Besonderheit – es sind nicht Menschen, die mit ihren Familien in das Ausland ausgewandert sind, sondern es sind Juden, die seit etwa zweitausend Jahren in den verschiedenen Diaspora-Ländern leben und deswegen vom zionistischen Staat als potenzielle Aufsteiger (*Olim*), sprich: Einwanderer, betrachtet werden. Aus der Sicht einer Strömung jedoch, die man am Anfang des 20. Jahrhunderts »geistiger Zionismus« nannte, sollte der *Jischuv* in Palästina zum Zentrum einer geistigen Erneuerung des Judentums werden, auch für das in der Diaspora verbleibende Judentum.

Ein wichtiges Gesetz der ersten Stunde (1950) der *Knesset* war das Rückkehrgesetz, das bestimmt: »Jeder Jude hat das Recht, ins Land einzuwandern« und somit automatisch israelischer Staatsbürger zu werden. Tatsächlich sind die meisten Juden, die *Alija* machten, aus den Ländern gekommen, in denen Juden diskriminiert wurden oder in Not lebten. Für Juden in den Ländern des Wohlstands blieb die *Alija* weniger attraktiv, sodass bis heute etwa die Hälfte der Juden außerhalb von Israel lebt, nach dem Motto »ubi bene ibi patria«. Die einladende Öffnung der Grenzen für Juden ist übrigens von einer äußerst restriktiven Haltung gegenüber der Einbürgerung von Nichtjuden begleitet, die sich vor allem gegen die Möglichkeit von Arabern richtet – auch Verwandten der in Israel wohnenden Palästinenser –, israelische Staatsbürger zu werden.

In der Beziehung Israels zu den Diaspora-Juden geht es aber um mehr als um die *Alija*. In der Unabhängigkeitserklärung Israels wurde dazu Folgendes proklamiert: »Unser Ruf ergeht an das jüdische Volk in allen Ländern der Diaspora, uns auf dem Gebiete der Einwanderung und des Aufbaus zu helfen und uns im Streben nach der Erfüllung des Traumes von Generationen – der Erlösung Israels – beizustehen.« Nicht allein die physische Einwanderung, sondern der Beistand der Diaspora-Juden wird erwartet, ja geradezu einkalkuliert, um gemeinsam an der »Erlösung Israels« teilzunehmen.

Denn Israel betrachtet sich, im Sinne der zionistischen Ideologie, nicht nur als Zufluchtsort für Juden, sondern als die ultimative »Lösung der Judenfrage«.

Nach zionistischer Vorstellung hat die Emanzipation als Lösung versagt, denn sie förderte die Assimilation, also das Aufgehen des Judentums in seiner Umwelt während normaler Zeiten, oder aber führte zur »Endlösung« in Deutschland seit 1933 bzw. 1941, als der Antisemitismus sich seiner sämtlichen moralischen wie juristischen Beschränkungen entledigt hatte. So gesehen maßt sich Israel an, Alleinvertreter des jüdischen Volkes und der jüdischen Geschichte zu sein. Nach dieser Vorstellung ist Israel das ultimative Bezugsobjekt für alle Juden, wo auch immer sie leben. Entsprechend müssen sich die Diaspora-Juden quasi automatisch in den Dienst der israelischen Interessen und der israelischen Politik stellen.

Dabei wurden die Diaspora-Juden aber gar nicht nach ihren Interessen gefragt, sie sind vielmehr von Israel praktisch bevormundet worden. Ich kann mich an einen Extremfall erinnern: Während einer Podiumsdiskussion, an der ich 1992 teilgenommen habe, in einer Zeit der rechtsextremen Ausschreitungen in Deutschland, hat der neben mir auf dem Podium sitzende frühere Mossad-Chef Isser Harel allen Ernstes vorgeschlagen, israelische Soldaten nach Deutschland zu entsenden, um Juden zu retten und sie nach Israel »zurückzuführen«.

Israel ignoriert die Tatsache, dass die meisten Diaspora-Juden an der Assimilation als der besseren »Lösung der Judenfrage« noch immer festhalten und damit den Monopolanspruch des Zionismus ablehnen, ohne allerdings dabei anti-israelische Absichten zu verfolgen. Einen Dialog auf Augenhöhe gibt es kaum, denn sowohl das (erst seit 2009 existierende) israelische Ministerium für die Angelegenheiten der Diaspora als auch die Jewish Agency (seit 1938 bereits ohne Nicht-Zionisten) sind keine neutralen Einrichtungen, um einen Rahmen für einen echten Dialog anbieten zu können.

Schon die Tatsache, dass in Israel allein das orthodoxe Judentum über religiöse Angelegenheiten bestimmt, während in der amerikanischen Diaspora die liberalen, also nicht orthodoxen Juden die dominante Gruppe sind, schafft eine steile Schieflage zwischen Israel und der Diaspora. Kein Wunder auch, dass jenseits der verbalen Unterstützung für die Diaspora bei Israels politischen Entscheidungen keine Rücksicht auf die damit verbundenen Auswirkungen seiner Handlungsweisen auf das Ausland und die dort lebenden Juden genommen wird. Genau das verwandelt die Diaspora-Juden zu Geiseln der israelischen Politik. Der Gaza-Krieg, der auf die Katastrophe des 7. Oktober folgte, hat diese Situation aufs Schärfste bestätigt.

Die jüdischen Gemeinden weltweit, vor allem die Funktionäre der Gemeinden, stellen sich in der Regel solidarisch hinter Israel bzw. hinter dessen Regierung und wehren Kritik an Israel ab. Genau das erwartet Israel (genauer: seine politische Führung), weil es sich als Alleinvertreter der Juden betrachtet. Nur sieht Israels Politik dabei meist von zwei Gegebenheiten ab: Erstens sehen sich nicht alle Juden als Zionisten. Und zweitens hängt eine jüdische Unterstützung für Israel auch von der israelischen Regierungspolitik ab. Mit einer rechtsextremen, ultraorthodoxen, homophoben Regierung sich zu identifizieren oder sie gegen Kritik in Schutz zu nehmen ist für viele Diaspora-Juden inakzeptabel oder zumindest eine Zumutung. Im Falle Deutschlands heißt das, nicht einmal der Zentralrat der Juden oder die Deutsch-Israelische Gesellschaft, die in der Regel israelische Entscheidungen ohne große Diskussion durchwinken, sind derzeit bereit, die gegenwärtige Regierung, die für Groß-Israel, für Theokratie und die Zerstörung der Gewaltenteilung und damit der demokratischen Strukturen steht, ohne Wenn und Aber zu unterstützen.

Spätestens aber seit dem 7. Oktober 2023 mussten die Diaspora-Juden auch in Deutschland wahrnehmen, dass sie Geiseln der israelischen Politik geworden waren. Sie wurden zum Ziel heftiger Attacken, die sich ursprünglich gegen Israel richteten. Dass das offizielle Israel sich nicht mit den jüdischen Institutionen in der Diaspora berät, bevor es Maßnahmen ergreift, zeigt seine arrogante Haltung gegenüber der *vox populi* außerhalb Israels. Dem Statement »Wir werden für etwas, das Israel anrichtet, haftbar gemacht« wird von mehr als der Hälfte der an einer Umfrage der EU Agency for Fundamental Rights (FRA) teilnehmenden Juden in Deutschland (auch in

Spanien und Frankreich) zugestimmt, und das bereits im Jahr 2019. Was nach dem 7. Oktober 2023 auf den Straßen und in den sozialen Netzwerken stattgefunden hat, lässt erahnen, dass die aktuellen Zahlen inzwischen weit höher sind und die Geiselsituation noch extremer geworden ist.

Der berühmte Pianist Igor Levit hat es auf den Punkt gebracht, als er mit dem Satz »Ich bin kein Israeli, ich bin Jude in Deutschland« vor dem Hintergrund der judenfeindlichen Ausschreitungen während des Gaza-Kriegs auf den Mangel an Solidarität mit den Juden reagierte. Auch hier kommt also eine Besonderheit der Grenzen des Staates Israel zum Vorschein.

7.
VON DER SÄKULARISIERUNG ZUM FUNDAMENTALISMUS

Von der Parole »Wir sind ein Volk, ein Volk« hat bereits Theodor Herzl in seinem Buch *Der Judenstaat* Gebrauch gemacht. Ihm war klar, welche Rolle dieses Wort »Volk« im deutschen Nationalismus spielte und wie intensiv die Diskussion um die Beziehung zwischen Volk und Nation war, aber auch was mit dem Adjektiv »völkisch« gemeint war. Diese Problematik fand ihre Parallelen auch im Zionismus und war leicht ins Hebräische zu übersetzen, denn auch dort sorgte die Spannung zwischen *Am* (Volk) und *Uma* oder *Le'om* (Nation) für Spannungen und Missverständnisse.

Da der Zionismus das Judentum neu erfinden wollte und von der Definition der Juden als Religionsgemeinschaft auf den Begriff »Volk« im Sinne des modernen europäischen Nationalismus umschwenkte, wurde den Anhängern des Zionismus schnell klar, dass es nun um eine neue, säkulare Definition des Judentums ging. Das war auch der kleinen Gruppe der religiösen Zionisten bekannt, die sich der zionistischen Bewegung trotz deren säkularer Ausrichtung angeschlossen hatten: Sie haben den Zionismus, so säkular er auch war, von Anfang an bewusst instrumentalisiert und dafür genutzt, was in der religiösen Sprache *Atchalta de'Geula*, »Bahnbrecher der Erlösung« heißt.

Herzls friderizianische Devise hat die Mehrheit der Zionisten auch lange nach seinem Tod noch befolgt: »Wir wollen drüben [im Judenstaat] jeden nach seiner Façon selig werden lassen« (S. 53) und weiter: »In den Staat [der in der Zukunft entstehen soll] ... haben sie [Heer und Klerus] nichts dreinzureden« (S. 63). Sowohl die bürgerlichen als auch die sozialistischen Zionisten konnten sich ohne Weiteres vom religiösen Establishment lösen, als sie ihre Politik gestalteten. Nicht nur bis zur Staatsgründung, sondern auch noch bis zur politischen Wende im Jahr 1977 stand die zionistische Politik im Zeichen der Säkularisierung. Die religiösen Zionisten (zu denen auch meine Familie zählte) befanden sich nach eigener Einschätzung in der Defensive gegen den aus ihrer Sicht bedrohlichen Säkularismus. Die Parlamentswahlen vermittelten ein klares Bild der Kräfteverhältnisse im zionistischen Lager: Die religiösen Zionisten konnten nur etwa 10 Prozent der Sitze gewinnen, eine Zahl, die zwischen 1948 und 1977 ziemlich konstant blieb.

Das Jahr 1967, nach der Eroberung des Westjordanlands, kündigte dann bereits eine Trendwende an. Bis dahin war nicht nur die Bevölkerung überwiegend säkular, auch lebten die meisten Israelis in Ortschaften, die keine direkte Beziehung zur biblischen Romantik hatten: Tel Aviv, Haifa oder Netanja, aber auch in *Kibbuzim* mit modernen Namen wie Chanita, Hulda (wo der junge Amos Oz lebte) oder Be'eri (das von Bundespräsident Steinmeier nach der Zerstörung des *Kibbuz* am 7. Oktober besucht wurde). Auch war bis 1967 Alt-Jerusalem mit dem Tempelberg nicht in israelischer Hand. Die Hauptstadt Israels lag in West-Jerusalem (wo ich aufwuchs), ein moderner Stadtteil, von der Altstadt Jerusalems durch eine Mauer abgetrennt. Das änderte sich dann ab 1967 radikal: Im eroberten Westjordanland befanden sich die Städte, die starke biblische Assoziationen hervorriefen – Jerusalems Altstadt, Hebron, Bethlehem, Nablus etc. – und ihre magische Wirkung ausstrahlten.

Dass die religiösen Zionisten und die sich in der Opposition befindenden Revisionisten (ihre Partei nennt sich, wie bereits erwähnt, später *Likud*) für diese nationalreligiöse Romantik anfällig waren, ist nicht weiter überraschend. Erstaunlich war aber die Hinwendung der damaligen Regierungspartei, der Arbeitspartei, zu dieser romantisch-religiösen Schwärmerei. Einige prominente Parteimitglieder entpuppten sich nach 1967 als Anhänger der Ganz-Israel-Ideologie, die den Fluss Jordan nicht als Sicherheitsgrenze, sondern als Ostgrenze des den Juden von Gott verheißenen Landes Kanaan wahrnahmen. Offenbar machte auch die säkulare Erziehung nicht resistent gegen religiöse Botschaften, wie es sich Herzl oder später auch Ben Gurion, der erste Regierungschef Israels, erhofft hatten.

Nicht weniger paradox war eine Entwicklung des religiösen Lagers im Lande. Bereits vor Entstehung des Staates gab es eine jüdisch-ultraorthodoxe Minderheit von etwa 5 Prozent, die anti-zionistisch war und keinen Judenstaat, der nicht vom Messias selbst ausgerufen wurde, für legitim halten wollte. Sie betrachteten den Staat Israel als Ketzerstaat, auf dessen Territorium man zwar lebte, ohne sich jedoch mit ihm zu identifizieren; entsprechend scharten sie sich um eine Partei, die sich ausschließlich um ihre sektoralen Anliegen zu kümmern versprach, und blieben in der *Knesset* prinzipiell in der Opposition. Diese Partei witterte ihre Chance, als 1977 Menachem Begin an die Macht kam – als Koalitionspartner (Begin benötigte ja eine parlamentarische Mehrheit), so hatten sie schnell erkannt, konnten sie den Ketzerstaat nicht nur wirtschaftlich ausbeuten, sie konnten nun auch den säkularen Charakter des Zionismus effektiv bekämpfen.

Der Hebel dieser Strategie war das autonome Erziehungssystem der Ultraorthodoxie: zum einen deren Schulen, wo nur Religionsunterricht nach ultraorthodoxen Vorschriften angeboten wird, und zum anderen die *Yeshivot,* die religiösen Hochschulen, an denen man nicht, wie an einer Universität, nach drei bis fünf Jahren das Studium abschließt, sondern als »ewiger Student« (im wahrsten Sinn des Wortes) bleibt, ohne Aussicht auf einen Beruf (bis auf den eines Funktionärs im Yeshivot-System) zu haben, ja auch nur haben zu wollen.

Der Ursprung der ultraorthodoxen Religiösität und ihres Erziehungssystems war osteuropäisch. Um jedoch das staatstragende, säkulare Erziehungssystem Israels in Bedrängnis zu bringen, brauchte die Ultraorthodoxie Verbündete – das waren Einwanderer aus den Ländern des Islams, die »orientalischen« bzw. sephardischen Juden. Traditionell war diese Gruppe der orientalischen Juden ohnehin eher religiös eingestellt. Mehrheitlich herrscht in dieser Gruppe auch keine rein säkulare Vorstellung des Zionismus, es ging also weniger um das Recht auf nationale Selbstbestimmung und mehr um den Bezug auf das Land Israel als ein heiliges Land. Sie wanderten seit 1948 in Massen in Israel ein, fühlten sich von der europäisch geprägten israelischen Gesellschaft benachteiligt und versuchten, allmählich politisch zu Wort zu kommen.

Vier Jahre nach der Wende 1977 spaltete sich eine Gruppe orientalischer Juden von der zionistisch-religiösen Partei ab. Ein Jahr später entstand auch eine orientalisch-ultraorthodoxe Partei, *Shass* (Abkürzung für

»Thoratreue Sephardim«), die von dem charismatischen Rabbiner Ovadia Joseph geführt wurde. Sie entwickelte sich sprunghaft und betrieb gemeinsam mit der bereits vorhandenen ultraorthodoxen Partei (zusammen etwa 15 Prozent der Wähler) effizient eine Politik, die das Erziehungssystem revolutionierte und im Endeffekt das gesamte zionistische Unternehmen neu aufstellen und neu definieren sollte – statt einer säkularen Nationalbewegung eine auf religiösem, orthodoxem Fundament ruhende völkische Bewegung. Dabei spielte die *Chabad,* eine chassidische Bewegung, die fanatisch Ganz-Israel als Ziel verfolgt, eine bedeutende Rolle in der Annäherung der Ultraorthodoxie an die israelischen Nationalisten.

Diese Parteien haben dann auch die Vorteile der besetzten Gebiete schnell für sich entdeckt: Für ihre Klientel, die kinderreichsten Familien in Israel, neue Wohnorte zu schaffen war existenziell. Seit den 1980er-Jahren entstanden und entwickelten sich die größten Siedlungen im Westjordanland – Immanuel, Betar-Ilit, Modi'in-Ilit und andere mit nahezu 200 000 ultraorthodoxen Einwohnern.

Kurz zusammengefasst: Seit 1967 erstarkten drei Lager in der israelischen Politik – die Nationalisten (früher: Revisionisten), die religiösen Zionisten und die Ultraorthodoxen, die sich alle um die Hinwendung des Zionismus und des Staates Israel zu einer religiösen Haltung wie auch um die Nationalisierung ihrer Anhängerschaft im völkischen Sinne bemühten. Was Nationalismus und Religiosität anbetrifft, so haben sich diese Lager gegenseitig hochgeschaukelt, bis sie gemeinsam nicht nur die absolute Mehrheit in der Gesellschaft hinter sich hatten und die Mehrheit im Parlament ausmachten, sondern auch weit radikaler geworden waren als zur Zeit der Wende 1977 oder noch zu Beginn des dritten Jahrtausends.

Die Fabel, die mir in diesem Zusammenhang immer einfällt, ist eine »Baron Münchhausen«-Erzählung. Münchhausen fährt mit seinem Schlitten – so die bekannte Geschichte –, als plötzlich ein Wolf das Gespann überfällt und von hinten auf das Pferd, das den Schlitten zieht, springt. Das Pferd hält nicht inne, obwohl sich der Wolf in seinem Hinterteil festgebissen hat. Der Wolf frisst das Pferd von hinten immer weiter auf, bis er anstelle des Pferdes in dessen Geschirr hängt und den Schlitten zieht. Und das alles, ohne dass der Galopp auch nur kurz unterbrochen worden wäre.

Genau das geschah dem Zionismus: An der Stelle des vormaligen säkularen, sozialliberalen Pferds zieht nun der nationalistisch religiöse Wolf die Karre. Der Zionismus durchlief eine erschreckende Metamorphose, ohne zur Kenntnis zu nehmen, dass man vom Wolf und nicht mehr vom Pferd gezogen wird.

Diese Metamorphose führte schließlich nahtlos in die Netanjahu-Regierung des Jahres 2023 und erklärt sowohl die alarmierte Reaktion seitens der Opposition als auch den Beitrag der israelischen Politik zur Katastrophe vom 7. Oktober. In der »voll und ganz rechten« Koalition sind folgende Parteien vertreten: 1. Der *Likud*, die nationalistische (früher: revisionistische) Partei, deren *Knesset*-Abgeordnete viel religiöser und rechtsradikaler eingestellt sind als je zuvor; 2. die zwei ultraorthodoxen Parteien, deren Hauptanliegen es ist, ihr Erziehungssystem und ihre Einrichtungen mit präzedenzlosen Summen von der Staatskasse finanziert zu bekommen; und 3. die Partei des religiösen Zionismus, die sich in jeder Hinsicht rechtsradikaler positioniert als je zuvor eine Partei in Israel, und deren führende Köpfe dank Netanjahus Taktik, eine rechtsextreme, rassistische Gruppe zu tolerieren, nun wichtige Ministerposten bekleiden. Es handelt sich um eine nationalistisch-religiös-orthodoxe Melange, die im krassen Widerspruch zur früheren sozialliberal-säkularen Richtung steht. Dabei ist die orientalische Komponente, die sich nach und nach ausbreiten konnte, in dieser Zusammensetzung viel stärker präsent als vor 1977. Die Ideologie dieser Koalition, radikal und rigide, lässt keinen Kompromiss, keine Verständigung mit den Palästinensern zu.

Bei einer derartigen Ursachenforschung besteht immer die Gefahr, ein undifferenziertes Bild zu zeichnen. Tatsächlich war die Grundlage für diese Entwicklung bereits früher gelegt, schon als die zionistische Bewegung ins Leben gerufen wurde. Religiöse Motive sind oft schwer von historischen Argumenten zu trennen, und auch dort, wo man bewusst die Last der religiösen Tradition über Bord werfen wollte, machten sich, wie schon beim Wort Zionismus angedeutet, Spuren des religiösen Erbes bemerkbar. Herzl sprach eine klare Sprache: »Werden wir also am Ende eine Theokratie haben? Nein!« Und doch gab er im selben Atemzug zu: »Der Glaube hält uns zusammen.« Durch diese Hintertür war der Weg zum religiösen Nationalismus somit geöffnet.

»Wir haben die Toleranz in Europa gelernt«, fügte Herzl hinzu und meinte auch die Toleranz gegenüber den religiösen Juden. Nur war diesbezüglich keine Symmetrie zu erwarten. Wer im Namen der absoluten religiösen Wahrheit spricht, ist nicht auf Kompromisse und Toleranz eingestellt. Bereits beim Rückblick auf die Geburtsstunde Israels wird diese Schieflage ersichtlich: Als David Ben-Gurion die *Yeshivot*-Studierenden (damals nur etwa 400 Personen) vom Militärdienst befreite, war es als Geste gegenüber der Masse der während der Schoah ermordeten Ultraorthodoxen gedacht. Dass die Zahl der *Yeshivot*-Studierenden später auf mehrere Zehntausend anwachsen würde, hat er sich wohl damals nicht vorstellen können. Und auch nicht, dass der Versuch, hierzu eine restriktive gesetzliche Regelung einzuführen, die dann vom Obersten Gericht als angemessen bestätigt wurde, dazu führen würde, dieses Oberste Gericht zur

Zielscheibe einer unerbittlichen Kampfansage der Ultraorthodoxen zu machen. Auch hierzu war das Jahr 2014, als sich Hunderttausende Ultraorthodoxe vor dem Gerichtsgebäude in Jerusalem zu einer Demonstration zusammenfanden, ein Entscheidungsjahr.

Verhängnisvoll war auch der Umgang mit der Verfassungsfrage kurz nach der Staatsgründung, indem vermieden wurde, die destruktive Rolle der gemeinsamen Front von religiösen Zionisten und antizionistischen Ultraorthodoxen zu beachten. Die UN-Resolution über die Teilung Palästinas hatte seinerzeit bestimmt, und die Unabhängigkeitserklärung vom 14. Mai 1948 hatte es bestätigt: Eine Verfassung solle kurz nach dem Abzug Großbritanniens erarbeitet werden. Eine *Knesset*-Kommission hatte sich sodann auch an die Arbeit gemacht, aber aus der Verfassung ist bis heute nichts geworden, hauptsächlich weil die besagte Front Widerstand leistete. »Eine von Menschen geschaffene Verfassung hat in Israel nichts zu suchen«, erklärte ein orthodoxes Parlamentsmitglied. Da Ben-Gurion, um seine Koalition am Leben zu halten, diese orthodoxe Partei jedoch als Partner brauchte, schob er die Verabschiedung einer Verfassung auf die lange Bank, sodass Israel bis heute keine geschriebene Verfassung hat, sondern lediglich eine zum Teil höchst problematische Reihe von Grundgesetzen, die man mit normaler Mehrheit im Parlament verabschieden oder auch ändern kann.

In dieser Situation erwies sich die Rolle des Obersten Gerichts für Gerechtigkeit (hebräische Abkürzung: BAGAZ) als einziger Garant der Rechte des Individuums und der Minderheiten (aber auch der Palästinenser in den besetzten Gebieten) gegen die Macht der Legislative und der Exekutive. Gerade deshalb ist das BAGAZ mittlerweile zur Zielscheibe Nummer eins der Attacken aus der nationalistischen und religiösen Ecke geworden, die die Mehrheit im Parlament besitzen und die Regierung bilden. BAGAZ-Urteile in Fragen der besetzten Gebiete ärgern die gesamte israelische Rechte, die Urteile in Fragen der Religionsfreiheit (zum Beispiel der Militärdienst für Ultraorthodoxe) machten das Gericht zum Erzfeind der Ultraorthodoxen, und seine eher liberale Auslegung von Grundrechten führt in den Augen der Populisten und Konservativen zu seiner Delegitimierung. Kurz: Der Wind, der beim Widerstand gegen eine Verfassung im Jahr 1950 angefacht wurde, wurde jüngst zum Sturm.

Auch in dieser Hinsicht ist die Netanjahu-Regierung des Jahres 2023 der absolute Tiefpunkt für die israelische Demokratie. Alle Koalitionsparteien haben sich gegen die Justiz positioniert und beabsichtigen, die Gewaltenteilung abzuschaffen. Dass es hier um mehr als um eine Justizreform geht, sprich: um einen Staatsstreich von oben, und dass diese Koalition von Nationalisten, Populisten und Ultraorthodoxen gegen die Grundwerte des

Zionismus, wie sie vor der Entsäkularisierung und nationalistischen Radikalisierung sakrosankt waren, geputscht hat, haben ihre Gegner begriffen und deswegen monatelang gegen diesen Putschversuch demonstriert. Bis am 7. Oktober 2023 die Katastrophe geschah und die Demonstranten dem Staat zu Hilfe kamen, um die unfähige Regierung in der Stunde der Not praktisch zu ersetzen.

Nachdenklich oder gar schuldbewusst wurde diese Koalition auch nach der Katastrophe des 7. Oktober jedoch nicht. Sie ist vielmehr nach wie vor bemüht, die Schuld dafür ihren Gegnern in die Schuhe zu schieben, und fest entschlossen, an ihrem ursprünglichen Plan einer nationalistischen, völkischen Theokratie festzuhalten. Der von der Regierung beschlossene Haushalt, der Milliarden in die obskuranten ultraorthodoxen wie nationalreligiösen Erziehungssysteme steckt, drängt das frühere System – säkular, liberal, weltoffen und akademisch orientiert – immer mehr ins Abseits.

Nicht zu vergessen: Das alles geschieht in einer Region, in der sich spätestens seit dem Sieg der Ajatollahs im Iran 1979 der muslimische Fundamentalismus frei entfalten konnte. Die Schiiten der Hisbollah und die Sunniten der Hamas treffen so auf ihre Parallele in der jüdischen Gesellschaft Israels, auf die jüdischen Fundamentalisten. Statt zwei auf eher säkularer Basis konkurrierender Nationalbewegungen, der Juden und der

Palästinenser, positionieren sich jetzt zwei Religionsgemeinschaften gegeneinander auf einem prädestinierten Kollisionskurs, der wenig Hoffnung auf eine Zweistaatenlösung zulässt. Monotheistische Religionen, das ist hinlänglich bekannt, sind strikt gegen jede Art von Kompromiss, oft sogar eifernder als Nationalbewegungen im Kampf gegeneinander.

8.
JÜDISCHER STAAT ODER STAAT ALLER BÜRGER

Theodor Herzl nannte seine Vision »der Judenstaat«, nicht »der jüdische Staat«. Das Besondere an diesem Staat sollte sein, dass er für Juden bestimmt sein würde und dass Juden, die einen sicheren Zufluchtsort suchen, ihn dort finden könnten. Herzl stellte sich aber einen Staat vor, der nicht exklusiv von Juden bewohnt sein sollte: »Und fügt es sich, daß auch Andersgläubige, Andersnationale unter uns wohnen, so werden wir ihnen einen ehrenvollen Schutz und die Rechtsgleichheit gewähren« (S. 64), heißt es im *Judenstaat.* Da es zur Zeit der Veröffentlichung dieser Schrift noch nicht feststand, wo dieser Staat entstehen würde, bleibt auch unklar, welche »Andersnationalen« Herzl im Sinn hatte.

Sechs Jahre später, in seiner Utopie *Altneuland,* ging es bereits um Palästina und um die dortigen Araber: »Hier in ihrer neuen Gesellschaft kann jeder nach seiner

Façon leben und selig werden«, kommentiert eine der Dramatis Personae. Auch der arabische Freund Reschid Bey meldete sich zu Wort: »Für uns alle war es[die Ankunft der Juden]ein Segen.« »Nichts von ihrem Glauben und ihren alten Gebräuchen ist ihnen verstört worden – nur mehr Wohlfahrt ist ihnen zuteil geworden« (S. 110, 137, 140). Ob diese Vision fundiert oder europäisch patronisierend gemeint war, sei dahingestellt. Die Absicht war, im Judenstaat auf gegenseitige Toleranz und Akzeptanz zu setzen.

Bereits zu Beginn der Mandatszeit (1920/21) kam es zu Gewaltausbrüchen, aber der Zionistische Kongress verabschiedete 1921 eine Resolution, in der die Entschlossenheit des jüdischen Volkes betont wurde, »mit dem arabischen Volk in Einheit und gegenseitigem Respekt zu leben und gemeinsam ein blühendes Zuhause zu gestalten«. Das Ziel war: »Respekt und Frieden zwischen den Völkern, … um eine nachhaltige und harmonische Entwicklung zu gewährleisten.« Doch der Widerstand der arabischen (palästinensischen) Bevölkerung und die gewaltbereite Reaktion des *Jischuv* haben den Weg zu dem uns bekannten Ergebnis geebnet: Gewalt und Krieg statt Verständigung. Eine Gruppe deutscher Zionisten, *Brit Shalom* (Friedensbund), versuchte gegenzusteuern: »Die Fragen der jüdisch-arabischen Verständigung sind daher nicht ohne eine vollständige geistige Neuorientierung der zionistischen Bewegung … zu behandeln«, hieß es in einer Denkschrift im September 1933. Das geschah bekanntlich nicht.

Die UN-Resolution 181 (1947) über das Ende des britischen Palästinamandats, die aus dieser Konfliktsituation resultierte, schlug nicht nur die Teilung Palästinas vor, sondern sprach auch explizit von zwei Staaten: »In Palästina sollen unabhängige arabische und jüdische Staaten ... entstehen.« Diejenigen, die diese Resolution formulierten, konnten nicht ahnen, dass das hier benutzte Adjektiv »jüdisch« später zu Verwirrung im ethnozentrischen Selbstverständnis des Staates Israel führen würde, im Gegensatz zur Vision der Väter des Zionismus.

Herausgefordert war der neue Staat Israel direkt durch die Anwesenheit einer arabischen Minderheit, die nach Krieg, Flucht und Vertreibung auf israelischem Territorium zurückblieb. Zwar hieß es in der Unabhängigkeitserklärung: »Wir wenden uns – selbst inmitten mörderischer Angriffe, denen wir seit Monaten ausgesetzt sind – an die in Israel lebenden Araber mit dem Aufrufe, den Frieden zu wahren und sich aufgrund voller bürgerlicher Gleichberechtigung und entsprechender Vertretung in allen provisorischen und permanenten Organen des Staates an seinem Aufbau zu beteiligen.« Doch faktisch kam die arabische Minderheit in Israel unter Militärverwaltung, sprich: Sie unterlag einem mithilfe von Notverordnungen erzwungenen Sonderstatus. Das israelische System der Notverordnungen schloss übrigens nahtlos an die Restriktionen der britischen Regelung an, die bis zum Ende der Mandatszeit galten.

Für die israelischen Araber bzw. Palästinenser bedeutete die Militärverwaltung ein komplexes Diskriminierungssystem in nahezu kolonialistischer Tradition: Enteignungen, Einschränkung der Bewegungsfreiheit, Berufsverbote etc. Die Begründung, die arabische Minderheit sei praktisch eine »fünfte Kolonne« der feindlichen arabischen Staaten, wurde jedoch immer wieder angefochten, bis das System endlich unter dem neuen Regierungschef Levi Eshkol im Jahr 1966 aufgehoben wurde.

Die israelischen Araber hatten zwar von Beginn an als Staatsbürger das Wahlrecht, haben aber in den ersten Jahren meist für arabische, von der regierenden Arbeitspartei abhängige Satellitenparteien gestimmt, die von lokalen Sippenhäuptlingen geführt wurden. Auf der israelischen Seite versuchte nur die Kommunistische Partei, jüdische und arabische Interessen nebeneinander zu vertreten – eine Partei allerdings, die stets zur Opposition gehörte. Erst nach und nach, mit dem Wandel der sozialen Struktur der arabischen Gesellschaft im Lande, konnten sich Parteien bilden, die die eigentlichen Interessen dieser Minderheit zu vertreten vermochten. Etwa die Hälfte der arabischen Wähler hat jedoch aus überwiegend pragmatischen Gründen »jüdischen« Parteien ihre Stimme gegeben.

Es ist eine Ironie der Geschichte, dass kurz nach der Abschaffung der Militärverwaltung in den arabischen Wohngebieten Israel das Westjordanland besetzte, dort eine Militärverwaltung installierte und so eine schizophrene Situation entstehen ließ: Der Judenstaat hatte nun mit zwei unterschiedlichen Gruppen von Arabern bzw. Palästinensern zu tun – israelischen Staatsbürgern einerseits und unter einer Besatzung lebenden Palästinensern, deren Führung, die PLO, Israel nicht anerkannt hatte, andererseits. In der jüdischen Mehrheit in Israel hat sich parallel zu dieser Entwicklung immer mehr eine Denkrichtung verbreiten können, wonach der Staat Israel sich als jüdischer Staat zu verstehen hat, und zwar in dem Sinne, dass er sich auf religiös-orthodoxe Werte besinnen und auf den Entzug von Privilegien der Nichtjuden hinwirken soll.

Seit Ende des Sechstagekrieges 1967 meldete sich also die schwierigste Frage mit voller Wucht: Kann der Judenstaat eine liberale Demokratie bleiben (so unperfekt sie auch bis dato war), oder wird er zum jüdischen Staat, also jüdisch religiös geprägt auf Kosten der demokratischen Gleichheit und der Grundwerte der liberalen Demokratie. Nachdem zunächst der Slogan »Israel – jüdisch und demokratisch« verbreitet wurde, tauchte immer häufiger die nächste Frage auf: Jüdisch oder demokratisch? Es war ein arabischer *Knesset*-Abgeordneter, der die Parole »Staat aller seiner Bürger« vorschlug, um eine Alternative zum Begriff des jüdischen Staates anzubieten. Diese Parole, die eigentlich für einen westlich orientierten Staatsbürger eine Selbstverständlichkeit darstellte, wurde aus der Sicht der israelischen rechtsorientierten Regierungen absurderweise zum Ausdruck eines Verrats an der zionistischen Grundidee.

Dass die Besetzung des Westjordanlands inzwischen bereits mehr als ein halbes Jahrhundert andauert, verschafft dieser Diskussion ihre besondere Brisanz. Unmittelbar nach dem 1967er-Krieg hat der wohl herausragendste israelische Gelehrte, Jeschajahu Leibowitz, die israelische Gesellschaft gewarnt: »Demokratie ist unteilbar.« Er befürchtete, dass Israel, sollte es die besetzten Gebiete weiterhin auf undemokratische Weise regieren bzw. nicht zurückgeben, auf diese Weise auch die Demokratie im Kernland zerstören würde! Und damit würde auch die Floskel, die in aller Munde war – »Israel, die einzige Demokratie im Nahen Osten« –, irreal werden. Es bestehe die Gefahr – so wurde nach dem Tod von Leibowitz allgemein befürchtet –, dass das apartheidähnliche System in den besetzten Gebieten sich auch in Israel selbst etablieren könnte. Leibowitz war übrigens ein streng religiöser Mensch und gleichzeitig ein ausgewiesener Akademiker, der – anders als die meisten religiösen Israelis – ganz im Sinne von Herzls Vision für eine scharfe Trennung zwischen Staat und Religion wie auch gegen die religiöse Rechtfertigung jeder Art von

Expansionspolitik plädierte. (Einer seiner Söhne war ein Klassenkamerad von mir, und den Vater kannte ich sehr gut.)

Die Alternative »Jüdisch oder demokratisch« stellt sich nicht als lediglich theoretische Überlegung dar. Meinungsumfragen des israelischen Instituts für Demokratie zeigen deutlich, was den Israelis wichtiger ist. 2009 lautete die Frage: Wie soll im Fall eines Konflikts zwischen demokratischen Werten und Bestimmungen der *Halacha*, des rechtlichen Teils der jüdischen Überlieferung, entschieden werden? 44 Prozent waren für die Werte der Demokratie, 20 Prozent für die Einhaltung der *Halacha*, während die übrigen 35 Prozent für eine Von-Fall-zu-Fall-Entscheidung waren. 2022 hingegen waren 33 Prozent für die Demokratie, 25 Prozent für die *Halacha* und 37 Prozent für die Ad-hoc-Entscheidung.

Ab 2010 wurde die Frage dann so gestellt: »Israel soll ein sowohl jüdischer als auch demokratischer Staat sein. Welche Eigenschaft ist dir wichtiger?« 32 Prozent zogen das jüdische Element vor, 17 Prozent das demokratische und 48 Prozent votierten für »Sowohl als auch«. 2022 waren bereits 43 Prozent für jüdisch, 26 Prozent für demokratisch und nur 30 Prozent für die »Sowohl-als-auch«-Variante. Innerhalb von zwölf Jahren stieg also die Bevorzugung des jüdischen Charakters des Staates deutlich an. Zwar nahm auch die demokratische Variante zu, aber es wird klar – die Demokratieverankerung lässt nach, und die Kluft innerhalb der Gesellschaft wird größer.

Wichtig ist auch die Unterteilung nach Sektoren. Während bei den säkularen Israelis 51 Prozent eindeutig für »demokratisch« sind (und 31 Prozent für »Sowohl-als-auch«), sind 77 Prozent der religiösen Zionisten für einen jüdischen Staat (und 20 Prozent für »Sowohl-als-auch«). Bei den Ultraorthodoxen, einem Sektor, der sich wegen des Kinderreichtums dieser Gruppe stark im demografischen Aufschwung befindet, sind 85 Prozent für den jüdischen Staat (und 13 Prozent für »Sowohl-als-auch«). Bei den zwei letztgenannten Gruppen lag der Stimmenanteil für Demokratie jeweils unter 5 Prozent. Ähnlich verteilen sich die Präferenzen zwischen rechts und links, da die Begriffe rechts und religiös sich weitgehend überlappen. Wem diese Zahlen Sorgen bereiten, muss desto beunruhigter sein, als sich diese Tendenz umso deutlicher zeigt, je jünger die befragten Israelis sind.

Ein deutliches Signal ergibt sich aus der Antwort auf eine weitere Frage: Sollen Juden im jüdischen Staat mehr Rechte haben als Nichtjuden? 49 Prozent bejahten diesen Wunsch, Tendenz steigend. Und bei der Frage, ob in Sicherheitsangelegenheiten nur die jüdische Bevölkerung ein Wort mitzureden haben soll, bleibt es bei eher konstanten 80 Prozent, die genau das befürworten.

Lange Zeit galt das bereits erwähnte Rückkehrgesetz, das eindeutig, aber aus einem historisch verständlichen

Grund, Juden in Israel bevorzugt, als Paradebeispiel für die Verletzung des Gleichheitsprinzip im modernen Staat Israel. Auch die Tatsache, dass israelische Araber (mit Ausnahme der Beduinen und Drusen) keinen Militärdienst leisten, gilt als klares Zeichen der Ungleichheit. Aber es dauerte dann doch mehr als sechzig Jahre, bis die Regierung auf die Idee kam, den Sonderstatus von Juden in einem Grundgesetz zu verankern, das 2018 verabschiedet wurde, kurz nachdem Israel seinen siebzigsten Geburtstag gefeiert hatte. Das Gesetz steht unter dem Titel »Israel – der Nationalstaat des jüdischen Volkes«, im Volksmund »das Nationalstaatsgesetz« genannt.

Bereits der erste Satz lässt aufhorchen: »Das Land Israel ist die historische Heimat des jüdischen Volkes, in welcher der Staat Israel gegründet wurde.« Das Land Israel, in anderen Worten Palästina, ist ja völkerrechtlich nicht mit dem Staat Israel identisch. Diese Formulierung lässt also die Frage der Grenzen offen bzw. im Nebel – damit haben wir uns bereits im vorigen Kapitel befasst. Da im Gesetz auch die folgenden Sätze stehen: »Der Staat Israel sieht in der Weiterentwicklung der jüdischen Besiedlung einen nationalen Wert. Er setzt sich dafür ein, die Etablierung und die Konsolidierung jüdischer Besiedlung anzuspornen und voranzutreiben«, ist die Vermutung nicht unbegründet, dass die Vernebelung der Grenzfrage klare Absicht ist.

Nicht minder problematisch ist der folgende Satz:

»Die Verwirklichung des Rechts auf nationale Selbstbestimmung obliegt im Staat Israel einzig dem jüdischen Volk.« Nicht nur haben also die Araber (Palästinenser) in Israel kein Recht auf nationale Selbstbestimmung – auch über den Minderheitsstatus der Palästinenser wird nichts gesagt, von der Frage nach den Palästinensern in den besetzten Gebieten ganz zu schweigen.

»Die Staatssprache ist Hebräisch«, heißt es weiter. 70 Jahre lang galt die arabische Sprache als zweite Staatssprache. Heute nicht mehr. Das Arabische hat zwar einen Sonderstatus (zum Beispiel im Vergleich zu Französisch oder Urdu), aber als Amtssprache ist es abgeschafft. Während in Belgien zum Beispiel Deutsch, die Sprache einer Minderheit von weniger als 1 Prozent der Belgier, Amtssprache ist, erkennt das neue israelische Grundgesetz die Sprache einer Minderheit von etwa 20 Prozent nicht als Amts- oder Nationalsprache an. Die israelischen Araber, aber auch die Drusen, die in Israel immerhin doch Militärdienst leisten, haben mit dem Gesetz einen Teil ihrer kulturellen Gleichberechtigung verloren. »Der Staat ist offen für jüdische Einwanderung«, bestimmt das Gesetz. Was aber ist mit der Einwanderung von Nichtjuden? Auch versteht sich die folgende Feststellung »Der Staat wirkt in der Diaspora, um die Verbundenheit zwischen dem Staat und Mitgliedern des jüdischen Volkes zu bewahren« als Bestätigung der bereits erwähnten »Grenzenlosigkeit« Israels.

Nicht umsonst markiert der Tag der Verabschiedung dieses Grundgesetzes über den jüdischen Staat, der 18. Juli 2018, eine tiefe Zäsur in der Geschichte Israels, sowohl in der Geschichte der Beziehungen zwischen Juden und Arabern bzw. Palästinensern im Staat Israel als auch in den Beziehungen zu den Palästinensern in den besetzten Gebieten. Zwar versuchten die Befürworter dieses Gesetzes sich überrascht zu geben – man habe hier nichts Neues eingeführt und darüber hinaus nur ein Gesetz mit lediglich deklamatorischem Wert verkündet. Aber wäre das die Absicht gewesen, hätte man ja kein Gesetz verabschieden müssen. Und man hätte auch nicht von der Justiz erwarten müssen, dabei zu helfen, die hier formulierten Grundsätze in die Praxis umzusetzen.

Mit diesem Grundgesetz ist ein Vierteljahrhundert nach dem Oslo-Abkommen eine besonders gefährliche Variante des Begriffs »Jüdischer Staat« formuliert worden, die sowohl das Zusammenleben oder Miteinanderleben in Israel wie auch zwischen Israelis und Palästinensern extrem beeinträchtigt. Einen Beweis lieferten im Mai 2021, während einer der Militäroperationen gegen die Hamas, Auseinandersetzungen zwischen israelischen Arabern und Juden, die in Städten aufflammten, in denen beide Gruppen gemeinsam wohnen.

Die Verbindung zwischen radikalem Wortgeklingel und Praxis wurde spätestens am Wahltag zur *Knesset*, am 1. November 2022, allen klar. Itamar Ben-Gvir, der Führer der Partei »Jüdische Macht«, der die Unruhen im Mai 2021 bewusst provoziert hatte und inzwischen zur Fraktion der religiösen Zionisten gehört, verkündete nach der Bekanntgabe seines Wahlerfolgs: »Jetzt ist die Zeit gekommen, allen zu zeigen, wer hier Herr im Hause ist.« Zwei Monate später wurde er Minister für nationale Sicherheit und damit auch Chef der Polizei, der sich im Sinne seiner Parole eifrig bemüht, Feindschaft zwischen Juden und israelischen Arabern zu schüren.

Meinungsumfragen zufolge, die kurz nach dem 7. Oktober durchgeführt wurden, erklärt mehr als die Hälfte der Israelis, Juden wie Araber, dass die Beziehungen zwischen beiden Gemeinschaften sich seit Beginn des Krieges verschlechtert haben. Für Ben-Gvir und andere Extremisten in der Koalition, die eine ethnozentrische Vorstellung vom jüdischen Staat pflegen und sich auch nicht vor einem Bevölkerungstransfer als Lösung scheuen, ist das keine schlechte Nachricht.

Dabei sollten vor allem religiöse Zionisten, zu denen auch Ben-Gvir zählt, sich an die biblische Warnung erinnern können: »Einerlei Satzung soll bei euch sein für den Fremdling wie für den Einheimischen« (4. Buch Mose 9, 14), umso mehr, weil der »Fremdling« in Palästina nicht weniger einheimisch ist.

9.
KULTURVIELFALT VERSUS KULTURKAMPF

Die Metapher vom Schmelztiegel begleitet die Geschichte und den Mythos der zionistischen Einwanderung bereits seit der Zeit vor der Gründung des Staates Israel und vor dem Beginn der Masseneinwanderung (*Alijot*) im Jahr 1948. Die zionistische Bewegung war in Mitteleuropa geboren, setzte ihre Hoffnung aber vor allem auf die Juden Osteuropas, die sich seit 1880 aus wirtschaftlicher und existenzieller Not massenhaft für die Auswanderung nach Westen entschieden. Statt nach Mittel- und Westeuropa oder vor allem nach Amerika auszuwandern, um dort als gleichberechtigte Staatsbürger zu leben, sollten sie – so die Idee der Zionisten der ersten Stunde – den Weg nach Palästina vorziehen, um dort Selbstemanzipation bzw. politische Selbstständigkeit zu erleben, auf der Grundlage der nationalen Selbstbestimmung der Juden.

Bis zum Jahr 1932 waren es fast ausschließlich Juden aus Russland, Rumänien oder aus Polen, die sich in Palästina niedergelassen haben und dort auch »die Araber« angetroffen, besser: entdeckt haben. Als Zionisten, die den »neuen Juden« schaffen wollten, versuchten sie, die Kulturmerkmale ihrer Herkunftsländer von sich abzuschütteln. Dabei ging es nicht nur um die Säkularisierung, sondern auch um die »Produktivierung« der Juden – »zur Scholle« sollten sie zurückkehren und neue soziale Muster schaffen (das Paradebeispiel waren die *Kibbuzim*). Neu waren auch das Image des »Muskeljuden« (als Kontrast zum schwachen *Galut*-Juden des Exils) und der Abschied von der jiddischen Sprache, und damit die Rückkehr zur Sprache der Bibel, zur hebräischen Sprache. Trotz dieser Bemühungen, die Kultur der früheren Heimat zu verleugnen, stellte sich heraus, dass die europäischen Wurzeln nicht ohne Weiteres abzutrennen waren, umso mehr, nachdem die Einwanderung aus Mitteleuropa seit dem Jahr 1933 einsetzte.

Im Zeitalter der postkolonialen Kritik und Geschichtsschreibung, die sich auch auf den Zionismus beziehen, muss an dieser Stelle auf einen Unterschied zum klassischen Fall des Kolonialismus hingewiesen werden, der den Zionismus aus der Schusslinie der Postkolonialisten nehmen sollte. Die Auswanderung von Juden aus Europa nach Palästina (gegen Ende des 19. Jahrhunderts auch nach Argentinien) war nicht von einer Kolonialmacht ins Leben gerufen worden, die ihre Staatsangehörigen zwecks Erweiterung ihres Kolonialimperiums dorthin umzusiedeln wünschte. Juden waren nicht nur als Individuen Opfer der wirtschaftlichen Not, sie wurden als Kollektiv, als Angehörige eines angeblich fremden Volkes diskriminiert. Daher sahen sich diejenigen Juden, die den Spieß umdrehen und aus der Zugehörigkeit zu einem »fremden« Volk eine positive Eigenschaft, kämpferisch und selbstbewusst, machen wollten, veranlasst, ihre Selbstbestimmung als nationale Gemeinschaft anzugehen.

Die nationale Heimstätte, die sie in Palästina anstrebten, war von ihnen nicht als Schauplatz eines Konflikts mit der autochthonen Bevölkerung gedacht. Gegenseitige Toleranz und die Bereitschaft von zionistischen Juden und palästinensischen Arabern, miteinander zu kooperieren, hätten den Konflikt abwenden können – das war etwa die Vorstellungswelt von Theodor Herzl. Die kulturelle Vielfalt der jüdischen Gesellschaft hätte sich in Richtung Kooperation auch mit der arabischen Bevölkerung in Palästina ausdehnen können. Der Konflikt war also nicht vorprogrammiert. Die Geschichte des Zionismus ist die einer späten Nationalbewegung im größeren Rahmen der Geschichte des Nationalismus des 19. Jahrhunderts.

Wie hart und grausam nationale Konflikte werden können, hatte man bereits in Europa erfahren, aber in demselben Europa war auch das Gegenteil möglich – dass Konflikte abflauten. Zugegeben, die Mentalität im Nahen Osten ist eine andere als die der (West-)Europäer, aber auch hier ist nicht der gewaltsame Konflikt die einzige Alternative. Darauf zu beharren, die Geschichte des Zionismus vor allem mit einer postkolonialistischen Sichtweise verstehen zu wollen und nicht im Rahmen eines Streits zwischen Nationen, blendet wichtige Fakten aus. Der Versuch, in diesem Fall Geschichte rückgängig zu machen, nachdem auch die Vereinten Nationen über die Teilung Palästinas entschieden hatte, kommt einem Verstoß gegen das Völkerrecht und gegen das Recht auf nationale Selbstbestimmung gleich und ist zudem ein Unrecht an den Flüchtlingen, die vor dem Nationalsozialismus nach Palästina fliehen mussten. Diesen Problemen müssen sich auch die Kritiker Israels aus postkolonialistischer Perspektive stellen.

Zum zionistischen Programm gehörte sehr früh auch die Bestrebung, sich an die Kultur der palästinensischen Umgebung anzupassen. Hebräisch ist letztendlich, so wie Arabisch, eine semitische Sprache, der Islam eine abrahamitische Religion und die Landschaft Palästinas aus den Schriften des Altertums nicht unbekannt.

Für die bildende Kunst waren die orientalische Kulisse und der orientalische Typus auch Mittel, um eine Nähe zur biblischen Mythologie zu schaffen und sich auf diese Weise auf die historischen Wurzeln des neuen

Jischuv zu besinnen. In der Kunst, das zeigte sich bei den Arbeiten der Bezalel-Kunsthochschule, die bereits 1906 in Jerusalem gegründet wurde, war der Einfluss des Orients zum Instrument der Revolutionierung der jüdischen, zionistischen Kunst geworden. Auch konnte sich der orientalische Klang, die orientalische Musik, einen Platz in der neuen zionistischen Musik verschaffen.

Aus Ost- oder Mitteleuropa eingewanderte Komponisten haben zionistische Werke mit orientalischen Motiven geschmückt, um eine Mischung zwischen dem europäischen und dem orientalischen Klang zu erzeugen. Authentischer scheinen aber die Versuche der Einwanderer seit 1948 aus dem Mittelmeerraum zu sein, eine Brücke zwischen ihren literarischen und musikalischen Traditionen und ihrem kulturellen Schaffen in Israel zu schlagen.

Als schwieriger erwies sich hingegen der Versuch, eine kulturelle Annäherung zwischen den jüdischen Einwanderern aus den Ländern des Islams bzw. des Orients und denen der früheren Einwanderungswelle aus Europa zu erreichen. Die Integrationskraft des Schmelztiegels reichte zwar aus, um Hebräisch zur gemeinsamen Sprache der israelischen Juden zu machen, eine Sprache, die auch die arabische Minderheit lernte und nutzte. Aber gerade die Bemühungen, die neue Heimat zu einem Schmelztiegel für alle Eingewanderten zu machen, der stark unter dem Einfluss der europäischen Traditionen und der früheren kulturellen Experimente des *Jischuv* stand, haben spätestens bei der zweiten Generation der sephardischen Einwanderer aus dem Mittleren Osten oder Nordafrika große Spannungen verursacht, die sich dann zu einem Kulturkampf entwickelten.

Die politische Wende des Jahres 1977 ist ohne diese Entwicklung im Kulturbereich nicht zu erklären. Zwischen 1948 und 1977 wuchs die israelische Bevölkerung von ca. 600 000 auf ca. 3,5 Millionen Menschen an. Nahezu eine Million *Olim* aus Asien und Afrika wanderten bis 1977 ein. Die Wähler orientalischer oder sephardischer Herkunft (manche nennen sie arabische Juden), die sich von der Schmelztiegel-Politik bevormundet und benachteiligt fühlten, distanzierten sich von der hegemonialen Macht der Arbeitspartei, die als aschkenasisch (also rein europäisch) galt, und von den Mythen des Zionismus nach europäischer Art. Sie entschieden sich vielmehr für die Opposition, für die Revisionisten, für die *Likud*-Partei, angeführt von Menachem Begin (dessen eigene osteuropäische Herkunft dabei paradoxerweise ignoriert wurde).

Der nächste Wahlkampf zeigte 1981 bereits, wie tief die Kluft zwischen »Europäern« (*Aschkenasim*) und »Orientalen« (*Sephardim*) geworden war, die wiederum eine Allianz zwischen benachteiligten »Orientalen« und dem rechten Flügel der israelischen Politik entstehen ließ. Diese orientalische Komponente verband sich ohne große Probleme mit der Ganz-Israel-Ideologie und mit der aggressiven Siedlungspolitik im Westjordanland, wie sie von der Begin-Regierung betrieben wurde.

Zwei Paradoxien treten seither deutlich hervor. Zum einen kam ausgerechnet aus der Bevölkerungsgruppe, die ursprünglich aus den Ländern des Islams eingewandert war, die Unterstützung für eine Politik der Konfrontation mit der arabischen bzw. muslimischen Umwelt, aber vor allem mit den Palästinensern. Die abschätzige Begründung dafür lautete: »Wir kennen sie schließlich am besten.« Das hinderte diese Gruppe jedoch nicht, sich gleichzeitig vehement für eine staatliche Förderung des Kulturerbes der orientalischen Juden einzusetzen, das stark von der arabischen Kultur beeinflusst ist.

Und zweitens sollten doch mehr als vierzig Jahre immer stärker rechtsgerichteter Regierungen – seit 1977 – den Vorwurf, von einer vermeintlich noch immer herrschenden europäischen, aschkenasischen Kulturelite unterdrückt zu werden, ad absurdum geführt haben. In der Netanjahu-Regierung des Jahres 2023 sitzen jedoch mehrere Exemplare einer derartigen Einstellung, die diesen Kulturkampf quasi im Sinne einer postkolonialistischen Argumentation gegen die »weiße«, europäische (jüdische) Hegemonie weiterführen, als hätte die »Mischehe« zwischen *Aschkenasim* und *Sephardim* mittlerweile nicht zu einer weitgehenden Schleifung der alten

Barrieren beigetragen und als hätten spätere Einwanderungsgruppen – aus der ehemaligen Sowjetunion und aus Äthiopien – nicht die Rolle der unterprivilegierten Nachzügler einnehmen müssen. Besonders stark ist diese Abwehrvariante gegen die »weiße« aschkenasische Vorherrschaft gemischt mit rechtsorientierter Politik bei den Anhängern der ultraorthodoxen sephardischen Partei *Shass* zu erkennen – rechts, religiös und anti-aschkenasisch.

Mit seiner Regierungsbildung Anfang 2023 instrumentalisierte Netanjahu diesen Kulturkampf, um sich Rückhalt in den eigenen Reihen wie auch bei den Koalitionspartnern zu verschaffen. Auf diese Weise konnte das Netanjahu-Lager diejenigen, die als Beschützer der Demokratie, Kämpfer gegen Korruption und Befürworter einer Friedenspolitik gegen seine Regierung demonstrierten, somit als weiße, privilegierte, linke Gefährder der Wagenburg Israel darstellen.

Der Kulturkampf zwischen Ost und West spaltet so die jüdische Gesellschaft, unabhängig vom Kulturkampf zwischen Israelis und Palästinensern. 2015 hat Netanjahu, um seiner sephardischen Klientel den Rücken zu stärken, eine militante Vertreterin dieser Gruppe, eine ehemalige Militärsprecherin, zur Kulturministerin ernannt. Ihr Ziel hatte sie klar formuliert: »In Israel wurde die westliche Kultur zur hegemonialen Kultur und die orientalische Kultur als minderwertig behandelt. Das werde ich ändern ... über die [vom Ministerium geleistete] Finanzierung der Institutionen. ... Ist nur jemand, der Kultur konsumiert, ein kultivierter Mensch? Wenn du nicht weißt, wer Tschechow war [das hatte sie für sich zugegeben], bist du dann unkultiviert? Ein kultivierter Mensch kann auch jemand sein, der nie im Theater war oder im Kino. Auch einer, der nie Chaim Nachman Bialik gelesen hat.« Der Leser erinnert sich hoffentlich an das bereits am Anfang dieses Buches zitierte Gedicht. Für die frühere Kulturministerin ist die aktuelle Bedeutung dieses Gedichts hingegen vermutlich belanglos.

10.
SIEDLER ALS GEISELNEHMER

Einen immensen Einfluss auf die israelische Gesellschaft, auf die israelische Kulturlandschaft und somit auf die Beziehungen zwischen Israel und den Palästinensern hat die Siedlerbewegung ausgeübt. Deren Einfluss ist deshalb so gewaltig, weil sie praktisch seit mehr als einem halben Jahrhundert Israel und den Friedensprozess in Geiselhaft genommen hat. Diese Geiselnahme ist das Thema dieses Kapitels.

Die Forderung nach Ganz-Israel (*Eretz Israel ha'schlema*) als Ideologie mit politischem Ziel meldete sich erstmals nach dem Sechstagekrieg deutlich zu Wort. Die Eroberung des Westjordanlandes, des Gazastreifens und der Golan-Höhen, die bis dato zu Jordanien, Ägypten und Syrien gehört hatten, war der Auslöser einer Begeisterungswelle für die biblischen Landschaften und Ortschaften, die seit der Staatsgründung für

Israelis nicht zugänglich gewesen waren. Überraschend war jedoch die Tatsache, dass diese Träumerei und Begeisterung nicht nur die religiösen Zionisten oder die Anhänger der nationalistischen Opposition befielen, deren Quellen im revisionistischen Zionismus lagen, sondern auch bekannte Intellektuelle der damals noch regierenden Arbeitspartei, allen voran den Nationaldichter Nathan Alterman und den Schriftsteller Moshe Shamir.

Eine gewisse Nostalgie wegen des Verlusts der jüdischen Ortschaften, die im Krieg 1948 von Jordanien erobert und »judenrein« gemacht worden waren, ist verständlich. Dass sich diese jedoch auf das gesamte Gebiet erstrecken konnte, mit Hinweis auf biblische Zeiten und auf die biblische Verheißung – das war dann doch echt überraschend. Sollte der Zionismus nicht eine säkularisierte Form des Judentums sein? Obwohl ich in einem nationalreligiösen Milieu aufgewachsen bin, muss ich feststellen, dass wir, also die Leute meiner Umgebung, vor 1967 für derartige Signale taub waren: In den ersten 19 Jahren des Staates Israel konzentrierte man sich auf den Aufbau des Staates und auf die Integration der aus aller Welt in das Land strömenden Einwanderer.

Die Idee Ganz-Israel war damals kein Thema oder allenfalls etwas, wofür eher der Messias zuständig gewesen wäre. Erst im Nachhinein habe ich wahrgenommen, dass Klassenkameraden aus revisionistischen Familien stammten und ein Ganz-Israel herbeisehnten. Ein mit mir eng befreundeter Klassenkamerad wurde sogar einer der ersten Rabbiner der jüdischen Siedler in der palästinensischen Stadt Hebron. Die Söhne von zwei Lehrern an meiner Schule, die einige Jahre jünger waren als ich, gehörten später zur Führungsriege der Siedlerbewegung.

Erst nach dem Krieg 1967 habe ich angefangen zu begreifen, wie stark die Ganz-Israel-Ideologie war, die unter der Oberfläche schlummerte: Die Chefredakteurin der Zeitung, an der ich damals mitgearbeitet habe, entpuppte sich, für mich überraschend, als unbedingte Verfechterin dieser Idee und zog sofort nach dem Krieg an einen Wohnort im besetzten Ostjerusalem. Ein weiteres Beispiel: Der Gelehrte, der Nietzsche ins Hebräische übersetzt hatte, schwärmte vor 1967 von einem »Königreich Israel«, was man allgemein als exotisch empfand, und wurde nun plötzlich der Chefideologe der Ganz-Israel-Bewegung.

Am Anfang, kurz nach dem Krieg, entschloss sich die israelische Regierung zunächst nur dazu, dort in den besetzten Gebieten Siedlungen zu gründen, wo bereits vor 1948 Juden gelebt hatten (es ging hauptsächlich um einige ländliche Ortschaften südlich von Jerusalem) oder wo es unter militärischen Aspekten angebracht erschien – Siedlungen entlang des Jordan, quasi als Schutz gegen Angriffe aus Jordanien, oder auf der damals von

Israel besetzten Sinai-Halbinsel, die nicht zu »Ganz-Israel« gehörte.

Das interpretierten die Vertreter der Ganz-Israel-Ideologie, die sich bis dahin in Wort und Schrift nur im eigenen engen Kreis hatten betätigen können, jedoch als Startschuss für gezielte Aktivitäten und gingen nun daran, überall in den im Sechstagekrieg eroberten Gebieten jüdische Siedlungen zu gründen. Die Regierung der Arbeitspartei hat zwar versucht, zaghaft dagegenzuhalten, hat aber die Größe der Gefahr nicht erkannt und war auch selbst gegen die Siedlungsromantik nicht immun.

So verging nicht einmal ein Jahr seit dem Krieg, bis ein wichtiges Signal gesendet wurde: Moshe Levinger, ein Sohn orthodoxer Juden, die aus Nazi-Deutschland geflüchtet waren, beschloss in einem palästinensischen Hotel in Hebron zusammen mit einigen Anhängern die Gründung einer jüdischen Siedlung unter dem Vorwand, *Pessach* in der Stadt der Patriarchen feiern zu wollen – was zum bizarren Beginn jüdischer Präsenz in Hebron aus rein ideologischen Gründen wurde. In der Rückschau ist dies die erste Aktivität der Siedlerbewegung, die aber bis zum Jom-Kippur-Krieg im Westjordanland und dem Gazastreifen (Ostjerusalem ist ein Problem für sich) nicht mehr als etwa 2000 Gefolgsleute hatte.

Der Schock des Jom-Kippur-Kriegs 1973 und die Angst vor einem eventuellen Rückzug aus dem Westjordanland nach dem Krieg hat die Ganz-Israel-Befürworter, angeführt von Mitgliedern und Rabbinern des nationalreligiösen Lagers, zur Gründung einer Siedlerorganisation motiviert. Am 30. Januar 1974 entstand *Gush Emunim* (Block der Getreuen), der sich vornahm, Siedlungen in »Judäa, Samaria und Gaza« (biblische Namen waren erwünschter statt des Begriffs »besetzte Gebiete«) zu gründen und die Regierung dazu zu zwingen, dies nolens volens zu tolerieren.

Da die Arbeitspartei, die sich wegen des Jom-Kippur-Kriegs im Niedergang befand und gegen die Ganz-Israel-Romantik nicht gewappnet war, nicht entschieden dagegenhielt, haben *Gush Emunim* und seine Siedlungsaktionen Rückenwind bekommen. Da die Pioniere der ersten Stunde des Zionismus ein wichtiges Element des zionistischen Mythos waren, hat sich die Siedlerbewegung zur Erbin dieser Tradition erklärt und so an Legitimation gewinnen können.

Die Wende des Jahres 1977, der Aufstieg des *Likud* mit Ministerpräsident Menachem Begin und die Koalition mit den nationalreligiösen und ultraorthodoxen Parteien, hat der Siedlungsbewegung, geführt von *Gush Emunim*, freie Bahn geschaffen.

Bis dahin hatte es nicht mehr als etwa 5000 Siedler gegeben. Seit Menachem Begins Amtsantritt öffneten sich die Schleusen, und die Zahl der Siedler stieg bis heute auf etwa 700 000! Diese Siedlungspolitik und die entsprechende Siedlerideologie hatten weder mit Fragen der Sicherheit noch mit einem Wunsch nach Rückkehr zu den vor dem Krieg 1948 existierenden Ortschaften zu tun. Diese Politik war und ist vielmehr die Umsetzung der Ganz-Israel-Ideologie in selbst ermächtigte Landnahme.

Was dabei herauskam, war ein apartheid-ähnliches System: Die Siedlungen sind israelisches Gebiet mitten im besetzten Westjordanland. Für die Siedler gilt das israelische Recht, nicht das für die Palästinenser und die anderen Bewohner dieser Gebiete geltende Sonderrecht. Im Klartext: Die Siedler sind privilegiert, die Palästinenser hingegen diskriminiert.

Aus der Sicht von *Gush Emunim* und des im Jahr 1980 entstandenen »Rat von Judäa, Samaria und Gaza« war aber die Bahn immer noch nicht frei genug. Der internationale Druck wie auch die Gegner dieser Bewegung in Israel selbst behinderten den Weg zur praktischen Annexion von »Judäa und Samaria« und zur Gründung von neuen Siedlungen. Im Jahr 1979 entschied das Oberste Gericht (auf Hebräisch: BAGAZ), dass die Siedlung Elon Moreh gesetzwidrig sei und evakuiert werden solle. Kein Wunder, dass seitdem die israelische Justiz immer mehr zur Zielscheibe der Anfeindungen seitens der Siedlerbewegung geworden ist, was in den Versuch der Netanjahu-Regierung des Jahres 2023 einmündete, das BAGAZ zu entmachten. Um all diese legalen Hindernisse zu überwinden, sahen die Siedler nur zwei Alternativen – Terror oder List.

Seit 1977 bestimmt vor allem das Schicksal der Siedlungen die israelische Politik. Weil für die Siedler die Zweistaatenlösung ein absolutes Tabuthema ist, führte der Weg Israels bei Verhandlungen mit den Palästinensern immer mehr in die Sackgasse.

Der Friedensvertrag mit Ägypten im Jahr 1979 und der darauf folgende Rückzug von ägyptischem Gebiet, also die Räumung der jüdischen Siedlungen im Sinai, waren für die Siedlerbewegung schlechte Nachrichten, die sie noch militanter werden ließen. Manche griffen deswegen zum Terror gegen Palästinenser: Es entstand eine Untergrundorganisation, die bis 1984 mehrere Terroranschläge auf Palästinenser verübte, die meist als »Vergeltung« für Angriffe auf Siedler in den besetzten Gebieten gerechtfertigt wurden. Diese Terroraktivitäten – Attentate auf palästinensische Bürgermeister, die Deponierung einer Bombe in einer Schule etc. – haben, als sie am Ende aufflogen, der Siedlerbewegung eher einen Bärendienst erwiesen, weshalb sie nach Alternativen gesucht hat, um ans Ziel zu kommen. Statt die Palästinenser zu terrorisieren, wolle man, so hieß es, sich »in den Herzen der Israelis ansiedeln«.

Umgesetzt werden sollte dieses Ziel mithilfe des Erziehungssystems (das Erziehungsministerium war auch aus diesem Grund meist in der Hand eines nationalreligiösen Ministers), aber vor allem auch durch Steuererleichterungen und Subventionen für das Siedlerunternehmen. Um staatliche oder internationale Kontrollen zu umgehen, floss das Geld über die »Abteilung Besiedlung« der zionistischen Organisation, die wiederum von der Staatskasse finanziert, aber nicht direkt vom Justizberater des Finanzministeriums kontrolliert wurde. Angeblich waren diese Gelder für Ortschaften mit sozial schwacher Bevölkerung bestimmt, in Wirklichkeit jedoch flossen sie in schwarze Kassen für die Siedlungen in den besetzten Gebieten.

Aus einem Bericht des Instituts *Molad* für die Erneuerung der Demokratie aus dem Jahr 2014 geht hervor, dass in der Umgebung von Hebron die Unterstützung etwa bei 350 Euro pro Kopf lag, während die Unterstützung entlang der Gaza-Grenze nur bei etwa 12 bis 22 Euro pro Kopf blieb. Die Ausgaben stiegen von Jahr zu Jahr (den einzigen Rückgang gab es zu Jitzchak Rabins Regierungszeit 1992–1995), und den Funktionären der Siedlungsbewegung bzw. des »Rats von Judäa, Samaria und Gaza« gelang es mit großer Expertise, immer neue staatliche Finanzierungsquellen zu finden.

Auch der nicht ideologische Siedler konnte schnell erkennen, dass das Leben in einer Siedlung im Westjordanland oder auf den Golan-Höhen billiger und bequemer war als im Kernland Israel, solange die Palästinenser seine Sicherheit nicht gefährdeten. Die Finanzierung von

Umgehungsstraßen für Siedler (im Volksmund: Apartheidsstraßen) war ein probates Mittel, um den Siedlern das notwendige Gefühl von Sicherheit zu verschaffen.

1987, nach 20 Jahren Besatzung, kam es – was eigentlich niemanden hätte überraschen dürfen – zur ersten Intifada (Aufstand) der Palästinenser. Terroranschläge gegen Israelis hatte es auch früher schon gegeben (auch im Ausland, wie den Überfall auf die israelischen Sportler während der Olympischen Spiele in München 1972), nun aber handelte es sich um einen Volksaufstand, der erst mit dem Osloer Abkommen abflaute.

Der Aufstand wurde aber für die Siedlerbewegung zum Ansporn für eine beschleunigte Entwicklung der Siedlungen, sodass 1993 bereits mehr als 110 000 Siedler in »Judäa, Samaria und Gaza« lebten, und zehn Jahre später, nach der zweiten Intifada, mehr als doppelt so viele. Der palästinensische Aufstand hat also die rasche Entwicklung der Siedlungen nicht aufhalten können. Im Gegenteil.

Mehr noch: Je erfolgreicher die Siedlerbewegung wurde, desto restriktiver wurde die Verwaltung des palästinensischen Gebietes seitens des israelischen Militärs und der israelischen Zivilverwaltung. Auch der Bau der Mauer, die seit 2003 zwischen Israel und dem Autonomiegebiet als Schutz gegen das Einsickern von Terroristen in das Kernland Israel konzipiert wurde, resultiert aus der zweiten Intifada, gilt jedoch als Grenze ausschließlich für Palästinenser, nicht für die Siedler, die ja israelische Staatsbürger sind und diese Grenze zu den besetzten Gebieten nach Belieben passieren können.

So einfallsreich und listig die Akteure hinter dem Siedlungsunternehmen auch waren – in manchen Fällen schritt das BAGAZ-System, soweit es nach israelischem Gesetz dazu befugt war, ein, wenn die Enteignung von Privateigentum nachgewiesen werden konnte (was beim Ausbau der Siedlungen, vor allem der »Außenposten«, oft geschah). Das fachte dann unweigerlich den Zorn der Siedlerbewegung noch mehr an, was schließlich 2023 zu dem entschlossenen Versuch führte, die Justiz zu »reformieren«, d. h. zu entmachten. Auch hier zeigt sich die Geiselsituation, in die die Siedlerbewegung die gesamte israelische Bevölkerung hineingezogen hat.

Da die Palästinenser die Situation nicht kampflos hinnahmen, wurde die Sorge um die Sicherheit der Siedler schon sehr früh zur Hauptaufgabe des israelischen Militärs. Die Siedler, und allen voran die sogenannte Hügeljugend, die in Judäa und Samaria wütet, wurden somit zu den Geiselnehmern der israelischen Bevölkerung. Denn wenn der Schutz der Siedler erste Priorität der regulären Militäreinheiten ist, darf man wohl von falschen Prioritäten, ja von einer Geiselnahme durch das Siedlungsunternehmen im Westjordanland sprechen.

Was das in der Praxis bedeutet, haben die Israelis am 7. Oktober 2023 erfahren: Die Ortschaften entlang der

Grenze zu Gaza im Kernland Israel sind vor allem *Kibbuzim,* bewohnt von eher linksgerichteten Israelis, die wenig Beziehung zur rechtsradikalen Regierung haben. Ein Hightech-Zaun sollte ihnen Sicherheit garantieren, aber die Präsenz der Streitkräfte war minimal – und am 7. Oktober sogar noch weiter reduziert, da mehrere Bataillone nach Judäa und Samaria verlegt worden waren, wo Scharmützel zwischen Siedlern und Palästinensern erwartet wurden.

Wieder einmal zeigte sich, und diesmal auf tragische Weise, dass die Siedlungen in den besetzten Gebieten die erste Priorität besitzen und dafür die Sicherheit der Staatsbürger, die im Kernland Israel leben, vernachlässigt wird. Als die Hamas auf das israelische Territorium vorgedrungen war, wurden nicht nur die etwa 230 Menschen aus dieser Region zu Geiseln, sondern die gesamte Region – und schließlich, mit der Entfesselung des Kriegs, die gesamte israelische Bevölkerung. Dass alle Israelis Geiseln der Siedlerbewegung und der Hügeljugend sind, war dem kritischen Beobachter der israelischen Szene jedoch bereits vor dem Massaker des 7. Oktober klar.

Diese absurde Konstellation führte auch dazu, dass die Hamas-Propaganda damit rechnen konnte, auf internationaler Bühne dem Überfall vom 7. Oktober eine Legitimation zu verschaffen. Und prompt dauerte es nicht lange, bis die Politiker, die dem Siedlerunternehmen dienen und es unterstützen, nicht nur zu einem Transfer, d. h. zur ethnischen Säuberung Gazas, sondern auch zur Neugründung von Siedlungen in diesem Teil von »Ganz-Israel« aufgerufen haben.

Als 2005 die »Abkopplung« (so hieß der Rückzug aus dem Gazastreifen offiziell) stattfand, wurden etwa 8000 Siedler umgesiedelt, pflegten aber – das kennt man auch aus der europäischen Erfahrung – weiterhin revanchistische Gedanken, die nun wiederum in Kriegsziele umgemünzt werden konnten. Wohlgemerkt: Die »Abkopplung« hinterließ bei den Siedlern tiefe Wunden. In ihrer kollektiven Erinnerung kam zum von ihnen so genannten »Oslo-Verbrechen« 1993 jetzt die »Abkopplung« 2005 als Trauma hinzu, und beide Traumata fungierten bei ihnen als Warnung und Anstachelung zu noch mehr Siedlungsinitiativen im Westjordanland. Es war deshalb keine Überraschung, dass die Siedlerbewegung seit Beginn des neuen Gaza-Kriegs 2023 sich nicht nur für einen extrem harten Umgang mit Gaza ausgesprochen hat, sondern auch für eine Rückkehr der Siedlungen im Gazastreifen trommelte.

Die Enttäuschung der Siedlerbewegung über Ariel Sharon war seinerzeit umso größer, weil ausgerechnet er es war, der einige Jahre vor der »Abkopplung« die Siedler im Westjordanland dazu aufgerufen hatte, Hügel für Hügel zu besetzen und sich dort niederzulassen, ohne Rücksicht auf Formalitäten, die mittlerweile auch für den »Rat von Judäa und Samaria« an Bedeutung gewonnen haben. So entstand zu Ariel Sharons Regierungszeit das Phänomen der schon erwähnten »Hügeljugend«. Junge Menschen, Kinder von Siedlern oder auch verwahrloste Jugendliche aus anderen Teilen des Landes, finden sich zusammen, lassen sich in »Außenposten« neben den etablierten Siedlungen nieder, behaupten, ihre Lebensweise ähnele der der biblischen Patriarchen, und suchen die Konfrontation mit den Palästinensern.

Unter ihnen ist die Gewaltbereitschaft besonders groß, nicht nur gegen Palästinenser, sondern auch gegen linke Israelis, die sich für die Anliegen der Palästinenser einsetzen, gegen die Polizei und gegen Soldaten, die ihnen im Wege stehen. Sie sind verantwortlich für mehrere Anschläge auf palästinensisches Eigentum oder auf Personen, Anschläge, die sie »Preisschild« nennen: die kollektive »Bestrafung« von Palästinensern, nachdem angeblich oder tatsächlich Israelis durch Palästinenser zu Schaden gekommen sind.

Der bekannteste Fall ereignete sich im Jahr 2015, als drei Hügeljugendliche ein Haus im Dorf Duma in Brand gesteckt und dabei drei Familienmitglieder ermordet haben. Sie wurden ausfindig gemacht und als Terroristen verurteilt. Seitdem aber 2021 Itamar Ben-Gvir, früher Mitglied der verbotenen Terrororganisation des Rabbiners Meir Kahane, *Knesset*-Abgeordneter geworden ist, haben die Hügeljugendlichen in ihm nicht nur einen echten Patron, sondern auch einen Vertreter im Parlament.

Und als er Ende 2022 von Netanjahu zum Minister für Nationale Sicherheit ernannt wurde, schloss sich der Kreis: Die Hügeljugend kann sich im Westjordanland austoben und Gewalt anwenden, wohl wissend, dass der für die Verfolgung dieser Straftaten zuständige Minister und die *Knesset*-Abgeordneten aus seiner Partei auf ihrer Seite stehen. Und auch der Finanzminister Bezalel Smotrich, der sich in der Vergangenheit ebenfalls als gewaltbereiter Siedler profilierte, steht auf ihrer Seite.

So war 2023 ein Jahr, in dem die Angriffe auf Palästinenser immer häufiger wurden, weshalb die Präsenz des Militärs verstärkt werden musste, wie zum Beispiel während des Laubhüttenfests, da gewalttätige Auseinandersetzungen, von Siedlern provoziert, zu erwarten waren. Wie schon erwähnt, fehlten deswegen einige Bataillone entlang der Gaza-Grenze am letzten Tag dieses Festes, am 7. Oktober.

Die gezielte Provokation gegen die palästinensische Bevölkerung gleicht dem Öl, das man ins Feuer gießt. Die Israelis – Geiseln der Siedler, Geiseln auch der Hügeljugend – befinden sich nun in einer Situation, aus der sie sich nicht mehr befreien können. Vor dem Hintergrund des Kriegs 2023 verordnete der Polizeiminister die unkontrollierte Verteilung von Waffen an jüdische Zivilisten (»zeigen, wer Herr im Hause ist«), was noch mehr Gewalt gegen Palästinenser erwarten lässt.

Die radikalen Siedler positionieren sich als lauteste Befürworter von extremen Maßnahmen nicht nur gegen die Hamas, sondern gegen die Palästinenser allgemein: So hört man von ihnen die Aufforderung »Gaza ausradieren«, es kommt aber auch zur Wiederkehr der Idee des Transfers, ein Wort, das euphemistisch für ethnische Säuberung steht. Die bereits seit den 1980er-Jahren vom politischen System geduldete Ideologie des Transfers wird so heute wieder zum aktuellen Programm.

Schon vor etwa 30 Jahren wurde ich von einem General, damals Gründer und Chef der Vaterlandspartei (*Moledet*), die bereits damals den Transfer von Palästinensern forderte, wegen Verleumdung verklagt, weil ich daran heftig Kritik geübt hatte. Er verteidigte sich mir gegenüber mit dem bemerkenswerten Satz: »Auch wenn ich ein Rassist bin, bin ich doch kein Nazi.« Nachdem er Minister geworden war, wurde er im Oktober 2001 von einem Palästinenser erschossen.

Kaum drei Wochen nach dem 7. Oktober schlug das Ministerium für geheimdienstliche Angelegenheiten (das allgemein als Ministerium mit wenig Einfluss auf die Arbeit der Geheimdienste gilt) einen detaillierten Plan für den Transfer der Palästinenser aus dem Gazastreifen vor. Wenn diese Idee irgendwann Praxis werden sollte, wird auf die Milizen von Ben-Gvir und die Hügeljugend

»Verlass« sein. Jüdische Siedlungen im Gazastreifen stehen bereits auf dem Plan. Aber auch wenn es nicht so weit kommt: Die Siedler, ihre Speerspitze, die Hügeljugend, wie auch die Politiker auf dem rechten Flügel, die sie unterstützen, haben es bislang immer geschafft, Verständigungsversuche mit den Palästinensern im Keim zu ersticken. Die gesamte israelische Gesellschaft, ja der Prozess selbst bleiben weiterhin Geiseln in ihrer Hand.

11.
DIE KAKISTOKRATIE

Erst als am Anfang des Schicksalsjahres 2023 die neue Regierung Netanjahus vorgestellt wurde, war bei vielen Israelis der Groschen gefallen: »*La patrie est en danger.*« Israel wird von Personen regiert, die populistisch, extrem rechts, fundamentalistisch, rassistisch, homophob eingestellt sind. Nicht nur die »Partei der religiösen Zionisten«, zu der der Annexionist Bezalel Smotrich und der frühere Kahane-Anhänger Itamar Ben-Gvir gehören, wurde zum Koalitionspartner von Netanjahus *Likud*-Partei, sondern auch die zwei Parteien der Ultraorthodoxie. Und auch die *Likud*-Fraktion selbst, das Rückgrat der Koalition, zeichnete sich diesmal durch eine Reihe von rechtsextremistischen, rabiaten Populisten aus, die früher niemals über die *Likud*-Liste den Weg in das Parlament gefunden hätten.

Fassungslos und entsetzt schauten frühere Vorzeige-

Parlamentarier und Minister der *Likud*-Partei, wie Benni Begin, Altpräsident Rubi Rivlin, Tsipi Livni, Limor Livnat, Dan Meridor, allesamt selbst Söhne und Töchter der Gründungsmitglieder der Partei, auf *Knesset* und Regierung und brachten ihr Unbehagen ganz offen zum Ausdruck. Sie nahmen sogar an den Riesendemonstrationen teil, die vor dem Krieg jede Woche im ganzen Land gegen die Regierungspolitik stattfanden.

Die Demonstranten haben verstanden, worum es geht – es ist die Demokratie, die in Gefahr geraten ist. Das, was sich euphemistisch Justizreform nennt und mit der Abschaffung der Gewaltenteilung lediglich beginnt, wird mit der totalen Zerstörung der liberalen Demokratie enden, wenn die Zivilgesellschaft keinen Widerstand leistet. Die Demonstranten skandierten lauthals »Demokratie!« oder »Gegen Demoktatur!« oder offen »Gegen den Diktator!« (und wurden dafür als »Anarchisten« und »Verräter« beschimpft), haben aber mit diesen Rufen den wahren Charakter der Regierung und den passenden Begriff verfehlt.

Die alten Griechen haben zwischen der guten Form der Herrschaft des Volkes, Demokratie genannt, und der schlechten Form unterschieden, die sie Ochlokratie (Pöbelherrschaft) genannt haben. Das, was in Israel gegenwärtig praktiziert wird, ist genau das, was unter Ochlokratie zu verstehen ist. Es gibt aber ein Wort, das noch genauer das gegenwärtige Herrschaftssystem in

Israel beschreibt, nämlich Kakistokratie – die Herrschaft der Schlechtesten. Dieses Wort wurde nicht von den alten Griechen als Kategorie der Herrschaftssysteme benutzt, sondern hat erst vor etwa 400 Jahren den Weg ins Wörterbuch gefunden, wurde aber seitdem oft benutzt, um das »Regieren durch die Ungelernten, Unwissenden und Untugendhaften« beim Namen zu nennen. Das Wort gewann an Popularität, als der ehemalige CIA-Chef John Brennan es in den USA benutzte, um das System Donald Trumps zu beschreiben. In Israel ist es noch nicht im Umlauf, obwohl es die dortige Situation sehr genau trifft.

Man kann sich kaum eine schlechtere Regierung vorstellen als diejenige, an deren Spitze jemand steht, der sich wegen Korruption bereits vor Gericht zu verantworten hat und der eine andere Person, die wegen Korruption nicht Minister sein durfte, dennoch als »Beobachter« ins Kabinett geholt hat. Hinzu kommen weitere Regierungsmitglieder, die wegen verschiedener Delikte vorbestraft sind.

Zudem ist Netanjahus Regierungsmannschaft mit nahezu 40 Ministern und 34 Ministerien, von denen die meisten überflüssig oder funktionsunfähig sind, präzedenzlos aufgeblasen. In manchen Ministerien gibt es mehr als einen Minister, weil mehr als eine Partei Interesse an der Beute hatte. Für einen Außenstehenden scheinen bereits die Namen der Ministerien dem sarkastischen Geist der Monty-Python-Gruppe entsprungen zu sein: So gibt es das Ministerium für Angelegenheiten des Negev, Galiläa und nationale Resilienz; das Ministerium für die Diaspora und für soziale Gleichheit; das Ministerium für Siedlung und für nationale Aufgaben; das Ministerium für Jerusalem und für das Kulturerbe. Und neben dem Ministerium für soziale Gleichheit gibt es auch das Ministerium für soziale Sicherheit.

Ein weiterer extremer Rassist, der zu den religiösen Zionisten gehört, ist Vizeminister unter Ministerpräsident Netanjahu geworden und »Beauftragter für jüdisch-nationale Identität«. Es geht deutlich nicht um das Regieren, sondern um die Verteilung von Jobs und um finanzielle Ressourcen für sektorale Zwecke. Bereits diese Information wie auch die über den »byzantinischen Hof« von Israels »königlicher Familie« (die Frau Netanjahus und sein Sohn als Kronprinz mischen sich in Regierungsangelegenheiten ein) dürften ausreichen, um davon überzeugt zu sein, dass der Begriff Kakistokratie in diesem Fall angemessen und deshalb mit Recht anzuwenden ist.

Jeder, der die Initiativen und Aktivitäten der Minister dieser Regierung verfolgt, erkennt sofort den perversrationalen Kern hinter dieser Regierungsweise. Der Justizminister legte eine Reihe von Gesetzesentwürfen vor, die die Justiz von der Exekutive und der Legislative abhängig machen sollen, d. h., die Justiz soll sich an politischen Richtlinien statt an den Prinzipien der Gerechtigkeit orientieren. Der rechtsradikale Finanzminister nutzt seinen Posten, um sein Anliegen, die Siedlungen üppig zu fianzieren und nebenbei die Unterstützung für die Universitäten zu kürzen, voranzubringen (*liberal arts*, wie es auf Englisch heißt, sind für ihn ein Unding). Der Kommunikationsminister versucht mit Gesetzen und Verordnungen, die Medien in Erfüllungsgehilfen der Regierungswünsche zu verwandeln.

Der Zweite Minister für Justiz (den gibt es im Ernst) beschimpft Oberrichter auf vulgärste Art und Weise und umgeht, da er sich gleichzeitig auch um die Funktionäre seiner Partei kümmert, alle Grundregeln einer ordnungsgemäßen Verwaltung. Der Erziehungsminister unterstützt undemokratische Erziehungsvorhaben und mischt sich in die akademische Freiheit ein, d. h., er versucht den freien Geist der Universitäten zu zähmen. Der Minister für Nationale Sicherheit, im Grunde der Polizeiminister, ist bestrebt, einen Bürgerkrieg zwischen Juden und Arabern zu entfesseln. Seine Ernennung zum Minister wäre vergleichbar mit einer seinerzeitigen Ernennung von Al Capone zum Polizeiminister in den USA.

Alles in allem bedienen die Minister gern ihre Parteiklientel, weit weniger allerdings die Staatsbürger. Die Ministerin für Siedlung und nationale Aufgaben unterstützt offiziell die rechtswidrige Gründung und Ausdehnung der Siedlungen im Westjordanland und erhält dafür einen üppigen Etat. Diese Ministerin gehörte übrigens vor etwa 25 Jahren zu einer Gruppe von Hebron-Siedlern, die mich wegen meiner Aussage, sie erzögen ihre Kinder wie die HJ, verklagt hatte. Die Klage wurde dank einer mutigen Richterin abgewiesen. Heute sitzt diese Ministerin auch in der Richter-Wahlkommission.

Das, was in Amerika *spoil system* heißt (Beutesystem), wird hier auf unverschämte Art und Weise praktiziert. Am deutlichsten ist das bei den Ministern, die für die Idee von Ganz-Israel stehen oder den Sektor der Ultraorthodoxie in der Politik vertreten. Sie plündern buchstäblich die Staatskasse, um eine nationalistische Theokratie zu fördern. Die Dreifach-Kombination Kakistokratie, Kleptokratie und Theokratie ist ohne Zweifel das Gegenteil von dem, wofür der Zionismus in früheren Zeiten stand.

Das alles gilt bereits für die neun Monate vor dem 7. Oktober 2023. Das Versagen an diesem Tag und das Agieren der israelischen Regierung danach haben aufs Tragischste bewiesen, dass das Land kakistokratisch regiert wird. Die rechtsradikale Regierung hat viel zur Motivation der Hamas beigetragen, Israel anzugreifen: Die allzu bekannten Pläne des Finanzministers Smotrich für das Schicksal des Westjordanlands, die steigende Zahl der Übergriffe der Siedler auf Palästinenser und linke Aktivisten wie auch die Zahl der getöteten Palästinenser im Westjordanland, nicht zuletzt die Anweisungen des Ministers für Nationale Sicherheit Ben-Gvir und seine Auftritte auf dem Tempelberg (für Muslime: *Haram al sharif*) trugen sowohl zur Erhöhung der Motivation der Hamas bei als auch zur weltweiten Unterstützung, mindestens aber zum Verständnis für den Überfall.

Diese Regierung hat die falschen Prioritäten in Sicherheitsfragen gesetzt, den Interessen der Siedler Vorrang eingeräumt und den Schutz der israelischen Zivilisten entlang der Gaza-Grenze vernachlässigt – mit verheerenden Folgen. Wenn eine Regierung selbst den größten Beitrag zur Delegitimierung des Staates auf internationaler Bühne leistet, gibt es wohl kaum einen passenderen Begriff dafür als den der Kakistokratie.

Beispielhaft für den unmittelbaren Zusammenhang zwischen dem Verhalten dieser Regierung vor dem 7. Oktober und dem Geschehen seit diesem Tag ist der Fall Simcha Rothman, *Knesset*-Abgeordneter und Vorsitzender des Verfassungsausschusses. Er gehört zu den radikalsten Abgeordneten der Partei des religiösen Zionismus und ist neben dem Justizminister der Spiritus Rector der Justizreform. Das Oberste Gericht (BAGAZ) ist für ihn das absolute rote Tuch.

In einem Zeitungsinterview vom Februar 2023 versuchte der Interviewer ihn an einen Fall zu erinnern, in dem das Gericht eindeutig seiner Aufgabe, für Gerechtigkeit zu sorgen, nachgekommen ist. Im Jahr 2007 hatte das Oberste Gericht den Staat verpflichtet, die Errichtung von Schutzräumen in Schulen entlang der Gaza-

Grenze zu finanzieren, nachdem das zuständige Ministerium dieses aus Finanzierungsgründen abgelehnt hatte. Eigentlich ein klarer Fall der Anwendung des Prinzips der Angemessenheit, um Schulkinder vor aus dem benachbarten Gaza abgeschossenen Raketen zu schützen. Die Antwort des national-religiösen Politikers: »Hör auf mit diesem Quatsch. Schutzräume kosten Geld. Das BAGAZ hat sich hier starkgemacht, aber das Geld wird anderswo fehlen … Dafür haben wir vielleicht mehr Obachlose bekommen.«

Der Populist hat selbstverständlich diese Alternative genannt und nicht die enormen Summen, die zur Finanzierung der Siedler verschwendet werden. Es war der *Kibbuz* Kfar Azza, der das Oberste Gericht angerufen hatte, derselbe *Kibbuz*, der am 7. Oktober mehr als 60 Ermordete und 18 Verschleppte unter seinen etwa 800 Bewohnern zu verzeichnen hatte.

Eine Kakistokratie gibt keine Fehler zu. So machten die Minister und Politiker auch nach dem 7. Oktober weiter: mit Aufrufen, Gaza auszuradieren oder eine Atombombe auf Gaza zu werfen, Streit zwischen Juden und Arabern zu schüren, die Justiz noch mehr unter Druck zu setzen (Ben-Gvir nannte arabische Richter in Israel, die ihre Urteile nicht nach seinem Geschmack fällen, den »inneren Feind«), den Siedlern mehr Freiheit im Umgang mit Waffen zu erlauben, aus der Staatskasse enorme Summen in die vom Staat unkontrollierten Erziehungssysteme der Ultraorthodoxen abzuzweigen und den israelischen McCarthyismus zu fördern.

Die Regierung erweist sich in dieser Notsituation nicht nur als inkompetent, sondern auch als fahrlässig und verantwortungslos. Nach innen wie nach außen bietet die Kakistokratie keinen Ausweg. Man versucht, eine nationale Einheitsfront vorzutäuschen, aber hinter der Fassade der Einheit verbergen sich tiefe Risse; dazu kommen das Unbehagen und die Empörung derjenigen, die das Regime der Kakistokratie nicht mehr hinnehmen wollen.

Meinungsumfragen vom November 2023 zeigen, dass 73 Prozent der jüdischen Israelis und 64 Prozent der israelischen Araber davon ausgehen, dass die Massenproteste nach dem Krieg wieder aufflammen werden. Da aber 52 Prozent der befragten Juden sich gegen US-Präsident Bidens dringende Empfehlung einer Zweistaatenlösung, wenden (nur 35 Prozent sind dafür), ist das Ziel der Proteste eher ungewiss. Bekannt ist nur, dass insgesamt 75 Prozent der linken Israelis, aber nur 21 Prozent der rechten für Bidens Forderung sind. Dieser Befund macht umso nachdenklicher, weil die Zahl der rechten Israelis mindestens dreimal so groß ist wie die derjenigen, die sich als Linke bekennen.

Der kakistokratische Charakter Israels 2023 hat seine Wurzeln in der langen Vorgeschichte des Rechtsrucks und der Fundamentalisierung der Gesellschaft, kann also auch nur dann »zurückgedreht« werden, wenn der Druck der Protestler und die Einsicht in die Gefährlichkeit dieser Politik stärker werden. Diese Aufgabe wird erschwert durch den Umstand, dass auch bei den palästinensischen Nachbarn schon seit Langem die Herrschaftssysteme korrumpiert, kakistokratisch oder schlicht verbrecherischer Natur (wie im Fall des von der Hamas regierten Gaza) sind. Die kakistokratische Tendenz dominiert die gesamte Region, ja breitet sich inzwischen weltweit in politischen Systemen aus. »Ex oriente Lux« oder die von Gott auferlegte Aufgabe, »Licht der Völker« zu sein (Jesaiah 49, 6), erhalten damit eine neue, aktuelle Bedeutung. Das alles lässt wenig Hoffnung auf ein baldiges Ende des Nahost-Konflikts aufkommen.

12. BRAUCHT DIE WIRTSCHAFT ZWEI STAATEN?

Gerade dort, wo die Politik oder die öffentliche Meinung nicht nach den Regeln der Vernunft agieren, erwartet man zumindest von den Akteuren der Wirtschaft, sich rational zu verhalten und so die Politik zur Besonnenheit zu rufen. Konflikte stören und zerstören. In ruhigen Zeiten macht die moderne Wirtschaft, jeweils abhängig von der Konjunktur, in aller Regel bessere Geschäfte – die Waffen- und Rüstungsindustrie hier einmal ausgenommen.

Ich bin kein Volkswirtschaftler oder Wirtschaftshistoriker. In diesem Kapitel beabsichtige ich nur, skizzenhaft den wirtschaftlichen Hintergrund der Ereignisse zu betrachten. Wir Sozialhistoriker der 68er-Generation gehen davon aus, dass für die historische Interpretation eines Phänomens oder eines Prozesses die materiellen Aspekte von fundamentaler Bedeutung sind. Als Historiker des 20. Jahrhunderts hat man allerdings gelernt, mit Aussagen vorsichtig zu sein. Staaten stürzten in zwei Weltkriege (von den vielen anderen weltweiten kriegerischen Auseinandersetzungen zu schweigen) und damit in einen enormen ökonomischen Niedergang, und doch hat die Wirtschaft bei alldem mitgemacht.

Der Zionismus hatte auch von Beginn an eine wirtschaftliche Theorie: Man hat letztlich der antisemitischen Vorstellung vom unproduktiven jüdischen Luftmenschen zugestimmt und versucht, die Vision eines neuen jüdischen Homo oeconomicus zu schaffen: zum einen durch »Produktivierung« des Menschen (so nannte man das im 19. Jahrhundert) und zum anderen durch die Forderung »zurück zur Scholle«. Der neue Jude im neuen Land sollte – so die Vision – entweder Landwirt und Bauer – auf jeden Fall aber bodenständig – werden oder aber Industriearbeiter und sozialistischer Proletarier.

Seit der ersten *Alija* 1882, also noch vor der Entstehung der zionistischen Bewegung, begannen die nach Palästina ausgewanderten *Olim* landwirtschaftliche Niederlassungen, *Moshavot* (Kolonien) genannt, zu gründen, um den ersten Aspekt des zionistischen Traums – die Rückkehr zur Landwirtschaft – in die Tat umzusetzen. Und man baute neue Städte. Das Paradebeispiel war Tel Aviv, das 1909 gegründet wurde, wo nicht nur das aus Euroa eingewanderte Bürgertum, sondern auch die jüdischen Arbeiter gedeihen sollten. Als Kind sang ich mit meinen Mitschülern das »Morgenlied« von Nathan Alterman:

Wir ziehen dir ein Beton- und Zementkleid an
Und pflanzen Gartenteppiche dazu …
Durch die Wüste bauen wir Straßen,
Und Sümpfe werden wir trockenlegen …
Das Gestern lassen wir hinter uns liegen,
Der Weg zum Morgen ist jedoch lang.[3]

Das neue Land sollte also in jeder Hinsicht ein Modernisierungsexperiment werden: Dazu gehörte neben dem »neuen, produktiven Juden« auch die Erfindung (1910) der ländlichen Kollektivsiedlung *Kibbuz* mit seinem Grundprinzip des gemeinsamen Eigentums und kollektiver Verwaltung. Von moderner Urbanität sollte aber auch die neue jüdische Stadt, die als Gartenstadt konzipiert war, werden, weshalb gerade Tel Avivs Architektur in vielen Stilelementen an das zeitgenössische »Bauhaus« erinnert. Zu Symbolen der zionistischen Wirtschaft wurden zuerst Agrarprodukte: Wein, seit Ende des 19. Jahrhunderts bereits produziert, und Orangen, die schnell zum bekanntesten Exportartikel wurden.

Da die »jüdische Arbeit« ein zionistischer Wert an sich war, wurde schnell eine deutliche Trennung zwi-

3 Meine Übersetzung, MZ.

schen dem Wirtschaftssystem der zionistischen *Olim* und dem der im Lande wohnenden Araber sichtbar, was seine Spuren auch nach der Staatsgründung hinterlassen hat. Und da die Einwanderung aus Europa nicht nur Manpower, sondern auch neues Kapital, auch Know-how und Innovationen mit sich brachte, war bereits vor der Staatsgründung die Grundlage für eine moderne Wirtschaft des zionistischen Unternehmens geschaffen. Sie konnte sich schneller entwickeln als die traditionsgebundene Wirtschaft der arabisch-palästinensischen Gesellschaft.

Seit 1948, dem Jahr der Staatsgründung, konnte sich daher schnell eine moderne Wirtschaft, gestützt auf Masseneinwanderung und finanzielle Hilfen aus der Diaspora, entwickeln. Im Prozess der Modernisierung rückte sehr bald der tertiäre Sektor, also die Dienstleistung, in den Vordergrund, bis sich – seit Beginn des dritten Jahrtausends – Israel als Hightech-Land einen Namen machen konnte.

Aus der Not, von Staaten umgeben zu sein, die seine Existenz nicht anerkannten, hat Israel schon bald eine Tugend gemacht – indem es eine mächtige Waffen- und Rüstungsindustrie aufbaute, die zur wichtigsten Exportindustrie werden sollte (mit einem Umsatz von mittlerweile mehr als 10 Milliarden US-Dollar im Jahr). So verkauft Israel zum Beispiel an Deutschland das *Chetz* (*Arrow*)-Luftabwehrsystem. Vergleicht man Israel und die Autonomiegebiete Palästinas, aber auch Israel und die arabischen Nachbarstaaten, zeigt sich der strukturelle Unterschied bis in die Gegenwart hinein in aller Deutlichkeit.

Die Statistik des IWF (Internationaler Währungsfonds) spricht hier eine unmissverständliche Sprache. Beginnen wir mit dem Bruttoinlandsprodukt (BIP): 2022 lag es in Israel bei ca. 525 Milliarden US-Dollar, im Autonomiegebiet bei 19,1 Milliarden. Auf das Pro-Kopf-BIP bezogen, bedeutet das: In Israel liegt dieses bei ca. 54 000 US-Dollar, im Autonomiegebiet bei nur ca. 3500 US-Dollar. Israel ist also (auf das BIP bezogen) wirtschaftlich zigmal so stark wie die Autonomiebehörde und (auf das Pro-Kopf-BIP bezogen) der individuelle Israeli (dazu gehören auch die Siedler) etwa zehnmal so wohlhabend wie der durchschnittliche Palästinenser.

Das BIP aller vier Nachbarn Israels zusammengenommen ist nur wenig höher als das BIP Israels. Dabei muss betont werden, dass der Unterschied zwischen dem Pro-Kopf-BIP in Israel und dem im Westjordanland nicht simpel als Ergebnis des Zustands Palästinas als besetztes Gebiet verstanden werden kann: Das ProKopf-BIP im benachbarten Jordanien liegt bei ca. 4600, das in Ägypten bei ca. 4300, im Libanon bei 3300 (2018 lag es noch über 9000), in Syrien bei 535 US-Dollar (im Jahr 2010, vor dem Bürgerkrieg, waren es ca. 11 000). In allen diesen arabischen Nachbarländern liegt das Pro-Kopf-BIP also im Durchschnitt nicht höher als im besetzten Westjordanland.

Auch ist die Lebenserwartung in Israel höher als bei den Palästinensern: 83,5 gegenüber 74 Jahren. Der nächste Vergleich mag zur Erklärung dieses Unterschieds beitragen: Die Arbeitslosigkeit liegt in Israel bei 3,5 Prozent, im Autonomiegebiet bei ca. 25 Prozent und in Gaza bei 46 Prozent. Hier spielt die Besatzung durch Israel bzw. die Belagerung eine entscheidende Rolle. Das alles sind Zahlen noch kurz vor dem 7. Oktober 2023, der für Gaza auch ein ökonomisches Desaster bedeutete, aber ebenso für die Westbank und, abhängig von der Dauer des Krieges, auch für Israel einen Niedergang der Wirtschaft zur Folge haben dürfte.

Man kann sich vorstellen, wie es um die Wirtschaft der Autonomiegebiete hätte bestellt sein können, wenn die Besatzung bereits beendet gewesen wäre und es normale Beziehungen gegeben hätte. Die Tatsache, dass die besetzten Gebiete faktisch zum Bestandteil des israelischen Wirtschaftssystems geworden sind, erklärt den relativen Vorteil der palästinensischen Wirtschaft im Vergleich zu den arabischen Nachbarn.

Wären auch noch die Einschränkungen beseitigt, die die israelische Besatzungs- und Sicherheitspolitik den Gebieten aufgezwungen hat, so wäre dort mit einiger Gewissheit eine nachhaltige Prosperität zu erwarten, vor allem wenn die Grenze zwischen Israel und Palästina nicht zur Grenze zwischen zwei autarken Staaten würde, sondern es zu einer kooperierenden Zweistaatenlösung käme. Die Grundlagen für Zusammenarbeit und für gegenseitige ökonomische Vorteile waren bereits im Oslo-Abkommen verankert. Wenn daran angeknüpft würde, wäre damit für beide Seiten eine Ausgangsposition für eine wirtschaftliche Win-win-Situation geschaffen.

In der Vergangenheit, vor der zweiten Intifada und vor der Belagerung von Gaza, konnten Arbeitskräfte aus den Autonomiegebieten in großer Zahl in Israel beschäftigt werden – ein Gewinn für beide Wirtschaftssysteme. Israel könnte, wenn es doch zu einer Vereinbarung kommen sollte, statt Gastarbeitern aus China im Baugewerbe, Philippinos als Pflegepersonal oder Thailändern als Landarbeitern Palästinenser beschäftigen. Wenn die Entwicklung, die die arabische Gesellschaft in Israel bereits seit 1948 durchlief, sich auch auf die Autonomiegebiete erstrecken könnte, wenn also bei einer Zweistaatenlösung die Staatsgrenze eher als Brücke und nicht als Barriere dienen würde, so wie die Staatsgrenzen in Europa, wäre das wirtschaftlich ein klarer Gewinn und ließe die Vorstellung vom »geschlossenen Handelsstaat« als überholt erscheinen.

Dass die Grenze wenig praktische Bedeutung haben wird, zeigen zum Beispiel die Herausforderungen bei der Wasserversorgung und beim Abwassermanagement. Hier sind beide Gesellschaften untrennbar verbunden.

Das gilt sowohl für die Grenze zum Westjordanland als auch für die zum Gazastreifen. Fragen der Nachhaltigkeit und der Klimapolitik kann man nur gemeinsam angehen, um tatsächlich die immer akuter werdenden Herausforderungen zu meistern.

Dafür und für viele andere Zwecke sind internationale und private Investitionen erforderlich. Auch für Investoren wird eine Wirtschaftskooperation zwischen Israel und den Palästinensern die Aufgabe attraktiver und die Grenzen überwindbar machen. Dass Investitionen zur Modernisierung in den palästinensischen Gebieten beitragen werden, steht außer Frage. Sogar unter israelischer Besatzung hat zum Beispiel eine Privatinitiative (mit Finanzhilfen aus Katar) zur Gründung einer neuen, modernen Stadt (Rawabi, unweit von Ramallah) geführt. Wenn die Besatzungsbürokratie die Entwicklung dieser Stadt nicht erschwert hätte, hätte das zu einem Modell für die Lösung des Problems der Flüchtlingslager werden können.

Momentan wird von israelischer Seite mehr in die Industrie der Siedlungen investiert, nach Ende der Besatzung würde es für Investoren attraktiv werden, eine palästinensische Industrie aufzubauen. Dazu ein eher kurioses Beispiel: Das vielleicht bekannteste Produkt aus dem Westjordanland ist das Taybeh-Bier, das zum Exportprodukt geworden ist und auch nach Deutschland geliefert wird, obwohl die Besatzungsbürokratie und die israelischen Sicherheitsvorkehrungen Produktion und Verkauf erschweren und bekanntlich die islamische Begeisterung für Alkohol nicht sehr groß ist.

Gaza in ein nahöstliches Singapur zu verwandeln war eine Vision zur Zeit der Oslo-Verträge. Jetzt, wo alles in Scherben liegt, kann man sich das nur noch schwer vorstellen. Aber immerhin stehen da die arabischen Staaten mit starkem Bruttoinlandsprodukt wie Saudi-Arabien, Katar und die Emirate oder auch die Türkei in den Startlöchern.

Die Abraham-Verträge mit den wirtschaftlich mächtigen arabischen Staaten ließen bei Netanjahu die Illusion aufkommen, eine Vereinbarung mit den Palästinensern bzw. einen Rückzug aus den besetzten Gebieten könnte man umgehen, indem man attraktive wirtschaftliche Angebote an die Saudis, Emirate etc. macht. Jetzt, nach dem Überfall vom 7. Oktober, wird klar – die Palästinafrage unter den Teppich zu kehren, während man gleichzeitig Geschäfte zu machen wünscht, ist keine Lösung.

Was fehlt, ist lediglich der Wille, entschieden einen Weg aus dem Konflikt zu wagen. Diese rationale Denkweise dürfte man von den pragmatischen Entscheidungsträgern in der Region auch erwarten. Das zu fördern ist die Aufgabe nicht nur der USA oder Chinas. Auch andere Staaten und Organisationen müssten hier den Kontrahenten, die zu Partnern werden sollen, unter die Arme greifen. Für Deutschland könnte das bedeuten, der Idee von »Israels Existenz als deutsche Staatsräson« einen neuen Inhalt zu geben.

Auf Hebräisch sagt man dazu »*ashrei Ha'maamin*« – gesegnet sei der Gläubige.

13.
ISRAEL UND DIE GROSSMÄCHTE

Die Akteure, die direkt am Nahost-Konflikt beteiligt sind, bewegen sich bekanntlich nicht in einem hermetisch abgeschlossenen und abgeschotteten Raum. Historisch gesehen war das Gebiet, das sich am Knotenpunkt zwischen drei Kontinenten befindet – Asien, Afrika und Europa –, später Palästina genannt, bereits im Altertum ein Spielball der damaligen Weltreiche und blieb es auch bis in das Zeitalter des modernen Imperialismus hinein.

Auch in der postkolonialen Zeit mischen sich Mittel- und Großmächte in die Angelegenheiten der Region ein und spielen mit, zum Wohl oder Verderben der dortigen Staaten, Bevölkerungsgruppen und Menschen. Kein Wunder also, dass der Krieg um Gaza zur Destabilisierung der gesamten Region führen kann. Wenn die vom Iran gesteuerten Huthi im Jemen zum Beispiel durch Kaperaktionen oder Raketenangriffe die Schifffahrt im

Roten Meer gefährden, konnte eine Intervention, auch militärische Aktivitäten, der Großmächte nicht ausbleiben.

Der Staat Israel entstand auf diesem Gebiet in der Anfangsphase des Kalten Kriegs, nachdem Großbritannien, das sich nach dem Zweiten Weltkrieg im Niedergang befand, auf Palästina verzichtet hatte und Indien bereits vorher vom Empire aufgegeben worden war. Die Geburt Israels, d. h. die UN-Resolution vom 29. November 1947, und die diplomatische Anerkennung des Staates Israel nach dem 15. Mai 1948 waren aber nur möglich, weil paradoxer- und ausnahmsweise die beiden großen Kontrahenten des Kalten Kriegs – die Vereinigten Staaten und die UdSSR – an einem Strang zogen und diesen Entscheidungen zugestimmt haben.

Die UdSSR, die von den zionistischen Sozialisten Beistand erwartete, hat sich zur Zeit der Geburtsstunde sogar mehr für den Staat Israel eingesetzt als die USA. Das änderte sich allerdings bereits nach Beginn des Korea-Kriegs, und seither gehörte Israel zum sogenannten westlichen Lager. 1956 kooperierte Israel sogar mit Großbritannien und Frankreich im Krieg gegen Ägypten, musste aber die Erfahrung machen, dass es mit sich im Abstieg befindenden Imperien paktierte statt auf zwei hegemoniale Großmächte zu setzen. Seitdem und bis 1990 war Israel eine westliche Schachfigur im Kalten Krieg zwischen Ost und West.

Die Beziehungen zu den USA wurden immer enger – seit dem Krieg 1967 wurde Amerika zu Israels Waffenlieferanten Nr. 1 und leistete auch die meiste Wirtschaftshilfe. Den Jom-Kippur-Krieg konnte Israel nur durch massive Hilfe aus den USA – Waffenlieferungen und diplomatische Rückendeckung – gewinnen. Auch den Weg vom Krieg zum Frieden mit Ägypten 1979–1982 haben die USA geebnet. Nach dem Debakel in Vietnam konnten sie im Nahen Osten für sich somit einen Etappensieg verzeichnen. Die Rechnung Ägyptens, die Fronten zu wechseln und mit den USA statt mit der UdSSR zu paktieren, ging auf, und das Wunder für Israel war geschehen – Frieden und Anerkennung durch den mächtigsten arabischen Staat.

Der Fall der Mauer und das Verschwinden der UdSSR haben die internationale Stellung Israels unter der schützenden Hand der USA weiter gestärkt, man befand sich letztendlich auf der Seite der Gewinner des Kalten Kriegs. Aus dieser Position der Stärke heraus konnte Israel zwei äußerst wichtige Verträge unterzeichnen – die Osloer Abkommen 1993–95 mit der Vertretung der Palästinenser, und den Friedensvertrag mit Jordanien 1995. Für diese Durchbrüche gab es zwei Gründe – den Druck der USA auf die lokalen Kontrahenten, um endlich die Auseinandersetzung um Israel beizulegen, und den unerwarteten Wahlerfolg von Jitzchak Rabin und seiner Arbeitspartei 1992. In einer Welt, die seit 1990 nicht mehr bipolar war, musste Israel eigentlich nur auf die USA hören, und diese waren daran interessiert, nach dem Golfkrieg 1991 gegen den Irak die Region zu beruhigen. Eine Friedenskonferenz in Madrid, auf der neben Israel auch arabische Staaten vertreten waren, sollte die Wende einleiten.

1990/91 markierte aber auch eine Wende in den Beziehungen zwischen Israel und Russland, ja, zwischen Israel und dem gesamten Ostblock. Kurz vor dem Zusammenbruch der UdSSR entschied sich Gorbatschow für die Wiederaufnahme der diplomatischen Beziehungen mit Israel, die wegen des Sechstagekriegs 1967 abgebrochen worden waren. Nach dem Ende der UdSSR hat Russland den Prozess der Annäherung an Israel fortgesetzt. Da in den folgenden Jahren die Tore für die Auswanderung von Juden aus der ehemaligen Sowjetunion geöffnet wurden, entschied sich etwa eine Million Menschen, nach Israel auszuwandern.

Außenpolitisch bedeutete das, dass Russland nicht nur die traditionelle anti-israelische Haltung der UdSSR aufgab, sondern dass normale Beziehungen zwischen beiden Staaten entstehen konnten. Auch China sah nach dem Fall der Mauer und nach dem Tiananmen-Massaker Israel als ein Vehikel, um die Beziehungen mit den USA zu verbessern, und hat seit 1992 mit Israel Botschafter ausgetauscht. Zusammenfassend ist festzuhalten, dass sich nach dem Fall der Mauer in Deutschland Israels internationaler Status und Ansehen grundlegend verändert haben. Auch der arabische Wirtschaftsboykott gegen Israel begann in diesen Jahren zu bröckeln.

Die Befreiung von den Zwängen des Kalten Krieges und die Rolle der USA als Israels Schutzmacht und als Weltpolizist hatten eine Situation geschaffen, die eigentlich der ideale Ausgangspunkt für eine Beendigung des Israel-Palästina-Konflikts hätte werden können. Das Osloer Prinzipien-Abkommen vom September 1993 schien tatsächlich der Anfang einer solchen glücklichen Entwicklung zu sein. Vor diesem Hintergrund müssen nun aber Israels Politik und die steigende Spannung zwischen Israel und der Autonomiebehörde bzw. den Palästinensern seit Rabins Ermordung wie auch die Wiederkehr der *Likud*-Regierungen als fatal für die ersten zaghaften Ansätze zu einem Befriedungsprozess und als Versagen von allen Seiten bewertet werden: Die fehlende Bereitschaft, die Ganz-Israel-Ideologie aufzugeben, blockierte alle Versuche, in einer günstigen Stunde, wie es sie nie vorher gegeben hatte, einen Weg aus dem Konflikt zu finden.

Vom konfrontationsbereiten Lager auf der palästinensischen Seite bekam die israelische Regierung die zu erwartende »Schützenhilfe«: Die Fortsetzung von Terroranschlägen konnte von den israelischen Entscheidungsträgern als Ausrede benutzt werden, um so Verhandlungen mit den Palästinensern auszuweichen.

Beide Seiten haben so ihren Beitrag zur Blockade der

Friedensbemühungen geleistet und die Gunst der Stunde, d. h. die Dominanz der USA nach dem Niedergang der UdSSR, kläglich ungenutzt gelassen. Dabei muss betont werden: Alle US-Präsidenten dieser Jahrzehnte versuchten mit vollem Engagement, den gordischen Knoten zu durchhauen – Clinton, Bush Jr., Obama –, vergebens. Sie scheiterten alle an der Engstirnigkeit, Skrupellosigkeit und Verantwortungslosigkeit der direkten Kontrahenten, nicht zuletzt auch der israelischen Seite.

Um den Osloer Prozess zu retten, hatte Bill Clinton zwar Benjamin Netanjahu und Jassir Arafat gezwungen, das Wye-Abkommen am 23. Oktober 1998 zu unterzeichnen, wonach Israel sich aus etwa 13 Prozent des Westjordanlands zurückziehen sollte. Doch wie so oft fand der damalige israelische Regierungschef Netanjahu immer wieder Ausreden, um die Abmachung nicht einzuhalten. Erst Netanjahus Nachfolger im Amt, Ehud Barak von der Arbeitspartei, begann mit dem Rückzug im Jahr 1999.

US-Präsident Bill Clinton versuchte, die Rückkehr der Arbeitspartei an die Macht zu nutzen, um den Friedensprozess doch noch zu retten. Doch die Camp-David-Konferenz im Juni 2000 scheiterte. Ob nun die Teilung Jerusalems oder die Frage der Rückkehr der palästinensischen Flüchtlinge die Konferenz zum Scheitern brachte, ist unter Historikern umstritten. Eines aber ist klar: Ariel Sharon, der Netanjahu als *Likud*-Chef ersetzt hatte, war bereits im Begriff, die Regierung Ehud Baraks zu stürzen. Und als die zweite Intifada im September 2000 begann, war das Schicksal von Oslo endgültig besiegelt.

Clintons Nachfolger George W. Bush richtete erst nach dem Al-Kaida-Anschlag vom 11. September 2001 seinen Blick auf den Nahen Osten. Die Nahost-Erfahrungen seines Vorgängers, die neuen Prioritäten, die er sich gesetzt hatte, und die tobende Intifada ließen am Anfang der Bush-Amtszeit wenig Platz für neue Initiativen. Für die neue rechtsorientierte israelische Regierung Ariel Sharons schien das von Osama bin Laden initiierte Attentat von 9/11 eine Chance zu sein, mit den USA gemeinsame Sache gegen den fundamentalistischen Islam zu machen – die USA gegen bin Laden und Saddam Hussein, und Israel, parallel dazu, gegen Arafat und Saddam Hussein. Das bedeutete in der Praxis: gemeinsam weg von einer Annäherung an die Palästinenser und weiter mit der Siedlungspolitik.

Dass Amerika den schärferen Blick auf die Region hatte und deswegen Bush Jr. zusammen mit der UNO, der EU und Russland eine *road map*, einen Friedensfahrplan, für die Lösung der Palästinafrage vorlegte, und zur selben Zeit Saudi-Arabien einen Friedensplan, der auf dem Prinzip der Zweistaatenlösung beruhte, in der Arabischen Liga unterbreitete, hat die israelische Regierung zu ignorieren oder gar zu bekämpfen versucht. Im September 2004 gab Ministerpräsident Sharon bekannt, dass die *road-map* Israel nicht mehr verpflichte.

Diese Entscheidung hing mit der Einschätzung zusammen, dass die USA nach dem Irak-Krieg geschwächt seien bzw. sich auf andere Probleme konzentrieren müssten und Israel somit vom amerikanischen Druck bzw. von seiner Einflussnahme weniger zu befürchten habe und sogar mit anderen Großmächten liebäugeln dürfe – gemeint waren Russland und China. Die EU wird übrigens aus israelischer Sicht nicht als Großmacht, als Einheit betrachtet, sondern mehr als ein Aggregat von Staaten, die eher israelkritisch sind, zwar als Wirtschaftspartner wichtig, aber im Übrigen nicht mehr als eine reservierte Haltung seitens Israel verdienen. (Das Thema der deutschen Staatsräson haben wir bereits im Kapitel 4 erörtert.)

Dieses gefährliche Spiel, diese israelische Politik der Hybris, wurde mit Nachdruck während der Regierungszeit Barack Obamas (2009–2017) fortgeführt: Für eine kurze Zeit, von 2006 bis 2008, die im Zeichen des zweiten Libanon-Kriegs stand, haben zwar Regierungschef Ehud Olmert und Außenministerin Tsipi Livni (inzwischen nicht mehr in der *Likud*-Partei) auf Wünsche aus den USA und der EU-Länder positiv reagiert und den Friedensprozess revitalisiert. Als dann aber Netanjahu und die *Likud*-Partei 2009 wieder an die Macht kamen und »Bibi« seine enge Beziehung zu den USA, vor allem zur republikanischen Partei, dazu missbrauchte, um die Friedensbemühungen Obamas zu blockieren, war die Phase eingeleitet, die zu der katastrophalen internationalen Situation führte, in der sich Israel erst recht seit dem 7. Oktober 2023 befindet. Sie führte direkt zu dem bereits erwähnten »Erfolg« Netanjahus, die Friedensgespräche, die unter der Schirmherrschaft von US-Präsident Obama und Außenminister John Kerry energisch geführt worden waren, 2014 zum Scheitern zu bringen.

Netanjahu betrachtete es ebenfalls als »Erfolg«, dass sein Busenfreund Donald Trump aus dem von Obama zustande gebrachten Atomabkommen vom Juli 2015 – das Teheran davon abbringen sollte, eine Atomstreitmacht aufzubauen – ausstieg. Dass der Ausstieg der USA das Abkommen praktisch außer Kraft setzte, hat weder Bibi noch Trump nachdenklich gemacht. Übrigens ist Deutschland ebenfalls einer der sieben Unterzeichner dieses Abkommens und kann in der neuen Situation noch weniger für Israel als deutsche Staatsräson unternehmen.

In Israel konnte sich parallel dazu die Illusion verbreiten, dass sich dank freundlicher Beziehungen zu Russland, China oder Indien die Freiräume international erweitert hätten. Zu dieser Illusion hat auch die Tatsache beigetragen, dass israelische Minister in der Landessprache mit dem russischen Machthaber Putin und seiner

Entourage kommunizieren konnten, da sie ja in der UdSSR aufgewachsen waren. Nach Beginn des sogenannten arabischen Frühlings 2011, der Israel eher verunsichert hatte (auch wegen der begeisterten Reaktion Obamas), und seit der Aufstand in Syrien den dortigen Diktator Assad veranlasst hatte, Russland zu Hilfe zu rufen, entstand eine fragwürdige Allianz zwischen Israel und Russland. Diese Allianz hatte zum Ziel, die Militärpräsenz in Syrien gemeinsam koordinieren zu können.

Wie falsch Netanjahu die Kooperation eingeschätzt hatte, zeigte sich auf kuriose Weise im Januar 2020 am Rande der großen Gedenkzeremonie zur Befreiung von Auschwitz in Yad Vashem. Putin und Netanjahu weihten in Jerusalem ein Denkmal zur Erinnerung an die Belagerung Leningrads im Zweiten Weltkrieg ein, ließen dabei die zur Gedenkstunde versammelten Honoratioren aus dem Ausland (darunter Bundespräsident Steinmeier) mehr als eine Stunde auf sie warten, bevor während der Zeremonie eine russische Geschichtsklitterung[4] als Dokumentation ausgestrahlt wurde, die für einen Skandal sorgte.

---

4 In dem russischen »Dokumentarfilm« fand der Molotow-Ribbentrop-Pakt keine Erwähnung und die historischen Grenzen Polens wurden falsch skizziert, um nur zwei der zahlreichen Kritikpunkte an der historischen Darstellung zu nennen. Nicht umsonst blieben der polnische, der ukrainische und der litauische Präsident der Zeremonie fern.

Die israelische Anbiederung an Putin hat aber wenig geholfen, auch nicht die schamhaft neutrale Haltung im Ukraine-Krieg. Nach dem 7. Oktober steht Russland entschlossen an der Seite der Hamas und des Iran. Auch China und Indien zeigen sich, was den Gaza-Krieg angeht, nicht gerade israelfreundlich. Denn auch früher galt für diese Großmächte die Freundschaft mit Israel entweder als indirekte Annäherung an die USA oder als eine Möglichkeit, einen Partner für die Konkurrenz mit den USA zu finden. Wie groß die Fehleinschätzung der Machtposition Israels auf internationaler Bühne ist, zeigte sich deutlich nicht nur seit dem Ausstieg Trumps aus dem Atomabkommen, sondern auch und umso stärker seit Beginn des Gaza-Kriegs im Oktober 2023. Israel ist von einer geschwächten US-Regierung abhängig und seine internationale Bewegungsfreiheit extrem eingeschränkt.

Nur sind die Siedler und die rechtsradikale Mehrheit in der *Knesset* nicht bereit, das einzusehen. Für sie gilt ohnehin der biblische Satz: »… ein Volk, es wohnt für sich und rechnet sich nicht zu den Völkern« (Numeri 23, 9), im Sinne von »auf die *Gojim* wird kein Wert gelegt«. Netanjahu erwartet von den USA volle Unterstützung für seine Kriegsziele, die die USA allerdings nicht gutheißen können. Dieses Problem werden wir noch im letzten Kapitel dieses Buches besprechen. Auch Israels Außenpolitik befindet sich also in Geiselhaft, wie es sich bereits oben herausgestellt hat, als ich das Thema Staatsräson behandelt habe.

Und es gibt noch ein Element, das nicht außer Acht gelassen werden darf: Bei der Großmacht USA und ihrer Israel-Politik spielte das amerikanische Judentum immer eine signifikante Rolle. Das AIPAC, eine Pro-Israel Lobby, ist eine der stärksten Lobbys in den USA. Nun ist aber der Riss zwischen der Diaspora und Israel, wie bereits beschrieben, gerade im Fall der USA von einer verheerenden Bedeutung. Bereits während Obamas Präsidentschaft warnte der Politologe Peter Beinart in seinem Buch *Die amerikanischen Juden und Israel*: »Je mehr die israelische Demokratie degeneriert, desto geringer wird die Bereitschaft der jungen, liberal gesinnten amerikanischen Juden, Israel zu unterstützen.«

Das Problem ist: »Zionisten (in den USA), die an der israelischen Demokratie hängen … müssen die israelische Besatzung der Palästinensergebiete ablehnen und gleichzeitig Israel selbst legitimieren.« Das war schon 2012 das Dilemma und ist es jetzt, im Jahr 2023, mit der rechtsradikalen Regierung umso mehr. Und sollte im Jahr 2024 Trump erneut US-Präsident werden und jüdische Trumpisten das Sagen haben, wird es mit dem internationalen Status Israels noch schlechter bestellt sein.

14.
ZWEISTAATENLÖSUNG, ETWAS ANDERS

Ein ignorierter Warnruf schafft bei dem, der gewarnt hat, Frust und Verzweiflung: Wenn man doch nur auf ihn gehört hätte! Frustriert schaue ich auf das folgende Zitat: »Fiel der neue Gaza-Krieg aus heiterem Himmel, oder war er vorauszusehen? Oder anders gefragt: Wie entstand in den letzten Jahren die große Illusion, dass die ›Palästinafrage‹ sich in Luft aufgelöst hat und die Gefahr eines Aufflammens des Konflikts zwischen Israel und den Palästinensern bereits gebannt ist? Denn sowohl aus der internationalen Tagesordnung als auch aus den zuletzt in Israel geführten Wahlkämpfen war das Thema ausgeblendet. Nun kam es zum Gewaltausbruch – die Illusion vom nicht-mehr-relevanten Israel-Palästina-Konflikt zerplatzte: Der unter der Flächendecke schlummernde Konflikt verwandelte sich innerhalb von wenigen Tagen in einen Flächenbrand – Krieg zwischen Gaza und Israel.«

Diese Sätze erschienen in der *Frankfurter Rundschau* bereits am 19. Mai 2021, unter dem Titel »Zerplatzte Illusion«. Dieser Artikel, den ich gemeinsam mit meinem Freund Shimon Stein, dem früheren israelischen Botschafter in Berlin, verfasst habe, erschien kurz nachdem der damalige Gaza-Krieg ausgebrochen war. Aber ich kann auch noch tiefer in die Kiste der ignorierten Warnungen greifen. Hier ein Beispiel aus dem Jahr 2000. Der Titel meines Artikels für die israelische Zeitung *Maariv* lautete: »Auf die nächste Ohrfeige warten«.

»Alle Regelungen, die auf dem Wege der Verständigung und des Kompromisses hätten erreicht werden können, werden erst nach einer überflüssigen Gewaltprobe getroffen ... Weil Israel auf Siedlungen, die wie Minen in der Westbank verstreut sind, nicht verzichten will, wird sich eventuell – nach der nächsten gewaltsamen Auseinandersetzung – ein weiteres Beispiel dafür abzeichnen ... Es lohnt sich auch, die unvermeidbare Frage zu stellen: Wer wird das Blut und den Preis aufbringen für wessen Hartnäckigkeit? Denn meist sind es nicht die sturen Scharfmacher, die am Ende den Preis bezahlen.« Zwei Monate nach Erscheinen dieses Artikels brach die zweite Intifada aus.

Als Historiker, der sich mit dem zwanzigsten Jahrhundert befasst, muss ich selbstverständlich mit Warnungen und Prognosen vorsichtig und bescheiden umgehen. Daher der Titel »Zerplatzte Illusion«, der an das Gegenbeispiel erinnern sollte – die bekannte Schrift *The Great Illusion* des Journalisten und Politikers und späteren Friedensnobelpreisträgers Norman Angell, im Jahr 1909 veröffentlicht. In diesem Text erklärte Angell, weshalb ein großer Krieg unwahrscheinlich sei, da er nicht im Interesse der Wirtschaft sein könne. Fünf Jahre später begann der Erste Weltkrieg.

Das Menetekel steht seit einem halben Jahrhundert an der Wand und mahnt – das Problem unter den Teppich zu kehren bzw. den Zustand der Besatzung für normal zu halten, ihn irgendwie zu »managen«, das wird nicht auf ewig funktionieren. Schlimmer noch, je länger der Konflikt anhält, je mehr Opfer zu beklagen sind, desto schwieriger wird es, aus dem Teufelskreis auszusteigen.

Nehmen wir das Beispiel Siedlungspolitik – die Hürde auf dem Weg zum Frieden wird dramatisch höher: Mehr als 700 000 Siedler heute (inklusive Ostjerusalem) statt etwa einem Sechstel dieser Zahl vor 30 Jahren – das macht einen qualitativen Unterschied bei der Suche nach einer Lösung für das Westjordanland. Jetzt wird es viel schwieriger sein, diesen Prozess rückgängig zu machen.

Der Konflikt Israel-Palästina bot von Beginn an eine Plattform für extreme Lösungsvorschläge. Einerseits gab es die Parole, »alle Juden ins Meer zu werfen«. Das bedeutete nicht nur, den Staat Israel abzuschaffen, sondern auch die jüdischen Menschen zumindest zu vertreiben, wenn nicht gar zu vernichten. Als historisches Vorbild diente der Sieg der Muslime unter Führung von Saladin in der Schlacht bei Hittin 1187, in der die europäischen Eindringlinge, die Kreuzfahrer und ihr Königreich Jerusalem, damals vernichtet wurden. Und andererseits die messianische Vision der Ganz-Israel-Fanatiker, die immer mehr in der »Mitte der Gesellschaft« vertreten sind. Danach dürfen die Palästinenser auf dem Gebiet zwischen Jordan und Mittelmeer entweder nur unter jüdischer Herrschaft leben oder müssen überhaupt bekämpft und vertrieben werden.

Apokalyptische Vorstellungen entwickeln sich auf beiden Seiten, die von einem Armageddon ausgehen, das mit einem Schlag den Weg zur Lösung ebnen soll. In einer extremen Krisensituation wie der jetzigen werden die Stimmen der Befürworter solcher »Lösungen« immer lauter und zügelloser. Ihre Verwirklichung in dieser Region ist nicht einmal wirklich auszuschließen. Ein rechtsradikaler Minister, Sohn eines Rabbiners, hat bereits den Vorschlag gemacht, eine Atombombe, die Israel bekanntlich besitzt, auf Gaza zu werfen. Man muss nur auf Afghanistan oder Bergkarabach schauen oder auch auf China und Russland, um zu sehen, welche »Lösungen« sich mit viel Gewalt und Fanatismus durchsetzen.

Denn wir befinden uns tatsächlich in einer Welt, in der der Kampf der Kulturen (*Clash of Civilizations* lautete 1992 der Titel des bekannten Buches des US-amerikanischen Politologen Samuel P. Huntington) weitgehend die zwischenmenschlichen Beziehungen bestimmt, und wir befinden uns in einer Region, in der ein »Bruchlinienkrieg« zwischen zwei Kulturen stattfindet, zwischen West und Ost und zwischen Juden und Muslimen.[5]

In dieser Situation nach Verständigung oder Kompromissen zu suchen scheint eher aussichtslos zu sein. Seit der Khomeini-Revolution im Iran 1979, seit dem Terroranschlag vom 11. September 2001 oder seit der Gründung des IS, des Islamischen Staats, im Irak und in Syrien 2006 ist die Konfrontation zwischen der muslimischen und der westlichen Kultur eine weltweite, keine nur lokale oder regionale mehr. Die Überschneidung mit anderen Frontlinien, wie zwischen dem sogenannten globalen Süden und seinen Gegnern, verschafft dieser Konfrontation noch eine zusätzliche Schärfe. Kurz, die Auseinandersetzung zwischen Israel und der Hamas, zwischen Israel und den Palästinensern, verläuft mitten in einer Arena, die Radikalisierung, nicht Annäherung begünstigt.

---

5 Huntington spricht von der »Rache Gottes«, dazu gehört der Aufstand der Religionen gegen die modernen laizistischen Gesellschaften. Die radikalen jüdischen Ganz-Israel-Verfechter gehören für Huntington zu den religiösen Kulturen, also jenen, die gegen die säkularen Zivilisationen ins Feld ziehen. Dagegen rechnet er den Zionismus und das politische Judentum den Zivilisationen zu, die gegen den Islamismus kämpfen. Israel-Palästina befindet sich demnach im Auge des Orkans.

In diese Konfrontation ist eine Schieflage eingebaut – das Problem der Gewaltanwendung. Die westliche Zivilisation, deren favorisierte politische Ordnung die liberale Demokratie ist, hat sich aufgrund der liberalen Ideologie um eine Einschränkung der Staatsgewalt nach außen wie nach innen bemüht. Als im Jahr 1989, ohne dass vonseiten der Protestierenden oder des Staates Blut vergossen wurde (Rumänien ausgenommen), die Revolution im Machtbereich der damaligen UdSSR erfolgreich verlief, schien das, was der US-amerikanische Politologe Francis Fukuyama »das Ende der Geschichte« nannte, eingetreten zu sein: Die liberale Demokratie hatte ihre Rivalen allein mit der Kraft der Überzeugung besiegt.

Dass liberale Demokratie und Gewaltabstinenz nicht ansteckend sind, erwies sich seither leider nach und nach – auf der einen Seite hat sich ein neuer Autoritarismus verbreiten können (von China bis Weißrussland), wie auch ein Populismus in demokratischen Ländern (von Italien bis Argentinien), und auf der anderen Seite ging der fundamentalistische, anti-westliche Islamismus (von Iran bis Afghanistan oder Mauretanien) mit Riesenschritten voran.

Wenn ein gewaltbereites System sich gegen einen Vertreter des liberalen Systems positioniert, befindet sich der Letztere im Nachteil. Zwischen Vertretern der beiden Systeme einen Modus Vivendi zu finden ist eine höchst komplizierte Angelegenheit, und eben in diesem Rahmen geht es um die Beziehung zwischen Israel und den Palästinensern.

Hier ist allerdings Differenziertheit geboten. Man darf nicht so tun, als seien alle Palästinenser Hamas-Fundamentalisten und alle Israelis verschworene Anhänger der liberalen Demokratrie. Das ist überhaupt nicht so. Das aber macht das Erreichen eines Friedens, zumindest eine Vereinbarung zwischen Israelis und Palästinenser, noch schwieriger. Was die Gewaltbereitschaft angeht, sind zum Beispiel die israelischen Siedler nicht weniger schießfreudig als ihre Kontrahenten aus dem Lager der islamistischen Palästinenser.

Nachdem dies alles gesagt ist, kehre ich zu der Frage zurück, die mir der Titel dieses Buches stellt: Niemals Frieden? Nämlich zwischen Israel und seiner Umwelt?

Diese Frage wäre vor 30 Jahren leichter zu beantworten gewesen, denn damals standen die Zeichen auf »Ende der Geschichte«, also auf den Sieg des liberalen Staates und der liberalen Demokratie. Dies haben beide Unterzeichner des Osloer Abkommens – Israel, aber auch die PLO – damals als Grundlage für die Beziehungen zwischen den beiden Communitys begrüßt. Heute gilt das nicht mehr – in der Zeit seit der feierlichen Unterzeichnung dieser Vereinbarung vor dem Weißen Haus in Washington haben der Widerstand gegen das Abkommen von beiden Seiten (wie oben in den Kapiteln 2 und 3 beschrieben) und die fortwährende Verwandlung des Konflikts in einen Kampf der Kulturen, in einen gewaltreichen Religionskrieg, die Hoffnung auf Frieden zerstört.

Die Antwort auf die oben gestellte Frage schien immer mehr auf ein Ja hinauszulaufen. Die Reihenfolge Intifada, Machtergreifung in Gaza durch die Hamas, ein Gaza-Krieg nach dem anderen, vor dem Hintergrund der Ausdehnung der Siedleraktivitäten im Westjordanland und der Schwächung der Autonomiebehörde – das alles führte weg vom Frieden und hin zur Katastrophe.

In einer Zeit, in der der Islamismus stärker und militanter wird, der Westen aber schwächer, schwinden die Hoffnung und die Aufmerksamkeit der Weltöffentlichkeit für dieses zerstrittene Gebiet. Wenn nach einer Lösung gefragt wurde, haben Politiker und Diplomaten, in Deutschland wie sonst wo im Westen, immer wieder klischeehaft mit dem Begriff der »Zweistaatenlösung« geantwortet; und gefragt wurde meist erst, wenn gerade eine Krisensituation entstanden war, ohne dann zu einer detaillierten Erörterung überzugehen. Je länger die Lösung auf sich warten ließ, desto lauter wurden – vor allem im Feuilleton – die Stimmen derer, die eine Zweistaatenlösung wegen der fortschreitenden Siedlungspolitik nicht mehr für realisierbar hielten. So war es am Ende auch in der deutschen Debatte über Israel und Palästina.

In einer »Pro oder contra«-Debatte zum Thema

Zweistaatenlösung im *DIG-Magazin*, der Zeitschrift der Deutsch-israelischen Gesellschaft (DIG), im Jahr 2022 hielt der Contra-Schreiber, der Journalist Daniel Killy, diese Lösung schlicht für »mausetot« und sprach von »Frieden und Zweistaatenlösung« als einer »realitätsfernen Forderung«. Er bot jedoch, wie die israelische Politik, wie so viele »Israel-Freunde«, keine Alternative an.

Konstruktiver versucht es der auch in Deutschland mittlerweile bekannt gewordene, in New York lehrende Philosoph Omri Boehm: »Die Zweistaatenlösung ist hinfällig ... Selbstbestimmung im Rahmen einer binationalen Föderation mit den Palästinensern« sei die bessere Lösung. So Boehm in einem Gespräch mit Shimon Stein und mir (*Blätter für deutsche und internationale Politik* 2021). Er bezieht sich auf Menachem Begins Plan von 1977, kurz nach Sadats Besuch in Jerusalem, der eine Autonomie für die Palästinenser in einem erweiterten Israel vorsah, was bedeuten würde, dass die Palästinenser gleichberechtigte israelische Staatsbürger würden.

»Selbstbestimmung im Rahmen einer binationalen Föderation mit den Palästinensern« war ursprünglich, so Boehm, eine zionistische Idee. »Eine solche demokratische Alternative zur Zweistaatenlösung möchte ich heute wieder auf die Tagesordnung setzen.« Die Idee von der Ein- statt einer Zweistaatenlösung kommt somit erneut ins Gespräch. Alternativ hinzu kommt eine No-state-solution, die wir bereits oben erwähnten.

Es geht hier jedoch nicht um eine theoretische Frage, die Philosophen und Politologen unter sich diskutieren, ohne auf die Menschen zu hören, die diese Lösung später am eigenen Leibe erfahren müssen. Zuerst muss vielmehr die Frage nach der bevorzugten Lösung an die Israelis und an die Palästinenser selbst gerichtet werden. In der letzten Novemberwoche 2023, etwa zwei Monate nach Beginn des Gaza-Kriegs, hat das Israel Institute for Democracy in einer Umfrage die Frage so formuliert: »Präsident Biden möchte die Rückendeckung der USA für Israel davon abhängig machen, dass nun eine gründliche Lösung des Israel-Palästina-Konflikts angestrebt wird, auf der Grundlage der Zweistaatenlösung. Soll Israel nach dem Krieg dieser Forderung nachkommen?« Etwa 52 Prozent der jüdischen Bevölkerung in Israel lehnten wie bereits erwähnt diese Idee ab und hielten nun von der Zweistaatenlösung noch weniger als vor dem 7. Oktober; nur 35,5 Prozent waren dafür, während unter den israelischen Arabern 55 Prozent dafür und nur 27 Prozent dagegen waren. Im Januar 2024 stimmten Bidens Forderung immerhin bereits 38 Prozent der Juden und 60 Prozent der israelischen Araber zu.

Zahlen liegen auch zur Haltung der Palästinenser in den besetzten Gebieten vor. Eine Studie der Konrad-Adenauer-Stiftung in Zusammenarbeit mit dem Palestinian Center for Policy wie auch eine Studie des Instituts Arab World for Research and Development (AWRAD) konnte im Dezember feststellen, dass erstens eine überwiegende Mehrheit der Palästinenser, besonders in den Autonomiegebieten, den Überfall vom 7. Oktober begrüßt (die in den Medien berichteten Gräueltaten wurden dabei für Fake News gehalten) und zweitens 65 Prozent der Befragten (vor dem Krieg waren es 71 Prozent) eine Zweistaatenlösung für unmöglich halten (wegen der raschen Entwicklung der jüdischen Siedlungen), 32 Prozent aber doch für möglich. Die Fortsetzung der Hamas-Kontrolle über den Gazastreifen wünschten sich 38 Prozent der Gaza-Bewohner (die ja die Hamas-Diktatur aus der Nähe kennen), aber 75 Prozent der Palästinenser im Westjordanland. Was den Wunsch nach einer nationalen Einheitsregierung für die Palästinenser betrifft, unterscheiden sich beide Umfragen zu weit voneinander, um sich ein realistisches Bild zu machen.

Wohl wissend, dass es einen Unterschied gibt zwischen möglich und wünschenswert, zeigt die Statistik, dass beide Kontrahenten – jüdische Israelis und Palästinenser in Gaza und in der Westbank – die Zweistaatenidee jetzt erst recht für wenig attraktiv halten. Und doch gehen für die Befürworter dieser Idee von diesen statistischen Zahlen – was die Einstellung der arabischen bzw. palästinensischen Staatsbürger Israels und paradoxerweise der Palästinenser im Gazastreifen (im Vergleich zu denen in der Westbank) angeht – auch ermutigende Signale aus. Noch ist also die Zweistaatenlösung nicht verloren.

Aber auch diese Befunde brauchen eine Ergänzung und eine Einordnung. Wenn die Zweistaatenlösung hoffnungslos sein sollte – wie sollte dann die Alternative aussehen: Annexion der palästinensischen Gebiete Westbank und Gaza durch Israel? Krieg ohne Ende? Massenvertreibung des einen oder des anderen Volkes? Transfer im großen Stil? Fortsetzung des »Managements« der besetzten Gebiete? Eine andere Variante von Autonomie für die Palästinenser? Ein Staat Israel auf dem gesamten Gebiet Palästina, der kein jüdischer Staat sein soll?

Diese Alternativen sind alle entweder moralisch verwerflich oder für zu viele Menschen auf beiden Seiten inakzeptabel, gefährlich oder undurchführbar. Kurz: Im Vergleich zu einer Zweistaatenlösung sind sie ohne Vorteil. Fakt ist – auch wenn wir Huntingtons These vom Kampf der Kulturen nicht voll und ganz akzeptieren –, wir stecken in einem Bruchlinienkrieg, in dem zwei Kulturen, auch zwei Monotheismen, aufeinandertreffen. Wenn wir die radikalen Lösungen prinzipiell ausschließen, muss die Lösung eine Mischung von Nebeneinander und Getrenntheit sein.

Je länger der Konflikt anhält, desto schwieriger ist der Weg zu einer gerechten und vernünftigen Lösung. Kriege wie der jetzige und Sozialisationsagenturen, die immer mehr Zeit auf die Erziehung zum Hass gegenüber der anderen Seite verwenden, verschärfen naturgemäß den Konflikt. Um aber nicht per Tabula rasa zum Dialog zurückzukehren, ist es in unserem Fall sinnvoll, die Zweistaatenidee, die ja die Grundlage für die UN-Resolution von 1947 war und die dem Prinzip, im Rahmen des internationalen Rechts das Recht auf nationale Selbstbestimmung zu gewährleisten, entsprach, als Axiom zu benutzen. Auch geht es, wie in der bisherigen Debatte um die Ein- oder Zweistaatenlösung, im Endeffekt nicht um ein Entweder-Oder, sondern eher um ein Sowohl-als-auch.

Der Dialog muss auf Augenhöhe geführt werden, also muss das Prinzip des Rechts auf nationale Selbstbestimmung für beide Parteien die Ausgangsposition sein. Die Grundlage für die Existenz des Staates Israel ist ja das Recht auf Selbstbestimmung für das jüdische Volk. Da im Lande Palästina oder *Eretz Israel* nicht nur das jüdische Volk lebt, sondern auch ein Volk, das sich Palästinenser nennt, muss auch für dieses Volk das Recht auf Selbstbestimmung gewährleistet werden. Dadurch ergibt sich auch eine prinzipielle Schlussfolgerung: Jedes der beiden Völker hat das Recht auf einen Nationalstaat. Somit wäre auch ein Stolperstein weggeräumt – die Idee nämlich, dass der Staat seine Legitimation durch eine religiöse Verheißung erhält oder durch die eine oder andere Auslegung der Volksgeschichte. Von nun an ist die Frage der Selbstbestimmung vielmehr in der Praxis zu erörtern.

Ohne aber die Diskette im Kopf zu wechseln, ohne also vom Modus der Feindschaft auf den des Nebeneinanders umzusteigen, ist selbstverständlich die Umsetzung der Idee in der Praxis unmöglich. Diese Metamorphose zu erzielen ist die Aufgabe der internationalen Gemeinschaft, alles andere leitet sich davon ab und kann erst dann in Taten und konkrete detaillierte Bestimmungen überführt werden. Das betrifft auch das Thema Abrüstung und Demilitarisierung.

Nationalstaaten müssen ja erfahrungsgemäß keine ethnisch homogenen Staaten sein – sie vertragen auch nationale Minderheiten und Heterogenität. Im Fall Israel zeigt sich, dass eine arabische, palästinensische Minderheit ein integraler Teil der Gesellschaft werden kann. Zugegeben, es gibt jüdische Extremisten wie die *Lehava*(Flamme)-Gruppe, die »die Assimilation im Heiligen Land« bekämpft und mit Gewalt gegen »Mischehen« oder sonstige arabisch-jüdische Kontakte vorgeht. Es gibt institutionelle und gesellschaftliche Diskriminierung, aber jeder, der in Israel ein Krankenhaus von innen kennt oder seine Medikamente beim Apotheker abholt, weiß Bescheid – die arabischen Mitbürger sind aus der israelischen Gesellschaft nicht wegzudenken.

Der Palästina-Staat wiederum muss sich auf ein paralleles Arrangement einstellen – mit einer jüdischen Minderheit zu leben. Wir wissen: Die israelischen Siedler haben nicht nur ihren Wohnort in das Westjordanland verlegt, sie haben dort auch Inseln der israelischen Souveränität gegründet. Das muss selbstverständlich neu geregelt werden, am besten im Rahmen einer Verfassungskonstruktion, die beide Staaten umfasst. Auch sollte feststehen: Westjordanland und Gazastreifen gehören beide, obwohl geografisch getrennt, zum Staat Palästina, unter einer gemeinsamen Regierung. Das muss spätestens nach dem jetzigen Krieg auch die israelische Regierung akzeptieren.

Die neue Verfassungskonstruktion muss auch dafür sorgen, dass jüdische Bewohner auf dem Territorium Palästinas genauso vom Gesetz geschützt werden wie Araber (Palästinenser) auf dem Territorium Israels. Für die Umsetzung der Ganz-Israel-Ideologie gibt es in diesem Rahmen keinen Platz mehr. Doch genauso wie Israel schon heute kein »Araber-freier-Staat« ist, wird es auch keinen »judenreinen« Palästinastaat geben.

Zur Weitwinkel-Ansicht gehört aber auch die Flüchtlingsfrage. Die palästinensische Politik bestand immer auf dem Recht der Rückkehr aller Flüchtlinge und beharrt auch jetzt noch darauf, das Recht auf den Flüchtlingsstatus von Generation zu Generation zu vererben. Israel weist diese Forderung automatisch zurück und benutzt die Juden, die aus der arabischen Welt nach Israel geflüchtet sind, als Gegenargument.

Auch hier, wie beim Thema nationale Selbstbestimmung, kann man im Prinzip beiden Forderungen zustimmen, dann aber nach praktischen Lösungen suchen. Wenn das Ziel tatsächlich eine Vereinbarung ist und nicht die unbedingte Fortsetzung des Konflikts, sollte auch das machbar sein. Hier sei der Leser nur daran erinnert, dass auch der größte Teil der Deutschen, die nach dem Zweiten Weltkrieg Flüchtlinge wurden und das als Unrecht empfunden haben, nicht darauf beharrte, ewig den Sonderstatus des Flüchtlings zu behalten und nicht auf die Rückkehr, wo auch immer hin, zu verzichten.

Und damit sind wir an dem Punkt angelangt, wo eine föderative Struktur im Endeffekt die zwei Staaten einem gemeinsamen Gesetz unterordnet. Man darf dabei den Begriff des Staates, des Nationalstaates, nicht dogmatisch sehen, muss ihn anders verstehen als noch im 19. Jahrhundert oder am Ende des Ersten Weltkriegs. Außerdem kann, wie bereits oben besprochen, die Bezeichnung »jüdisch« auf eine Art benutzt werden, die nicht automatisch die andere Seite provoziert. Jüdisch und liberal müssen keine Gegensätze sein. Das wiederum könnte zum Abbau der antisemitischen Verwendung dieser Bezeichnung auf nichtjüdischer Seite beitragen, im Nahen Osten wie auch im Ausland.

Wir befinden uns nicht im Jahr 1648, wo der souveräne Staat zum Oberbegriff geworden ist, sondern im 21. Jahrhundert, wo bereits 26 europäische Staaten bereit sind, auf Teile ihrer Souveränität zu verzichten, um den Überbau namens Europäische Union zu schaffen. Das sollte ein Vorbild auch für die Region Nahost sein. Gerade Europa als Vorbild macht Mut, trotz Rechtsruck und

Orbán. Auf diesem Kontinent wurden angeblich unüberwindbare Erb- und Erzfeindschaften am Ende doch beigelegt.

Um nicht den Eindruck eines realitätsfernen Schwärmers zu hinterlassen, reicht es nicht aus, Herzls Spruch zu zitieren: »Wenn ihr wollt, ist es kein Märchen.« Jeder weiß, welche verheerende Rolle im Nahost-Konflikt der religiöse Fundamentalismus spielt; jeder weiß auch, dass es dort um einen Kampf der Kulturen geht, um eine systematische Erziehung zu Intoleranz und Hass, dass die Befriedung der Region nicht das höchste Interesse aller regionalen Mächte und Großmächte ist. Das alles muss mithilfe der internationalen Gemeinschaft und durch die Schaffung eines Sozialisationsmechanismus überwunden werden.

Das ist sicher leichter gesagt als getan. Es ist vielmehr eine Mammutaufgabe, aber die Alternative würde lauten: Freie Fahrt für weitere 7. Oktober, Afghanistan, Hiroshima. Was ich in diesem Buch anzubieten versuchte, bezeichne ich als konstruktiven Pessimismus.

Wir verpflichten uns zu Nachhaltigkeit
- Papiere aus nachhaltiger Waldwirtschaft und anderen kontrollierten Quellen
- Druckfarben auf pflanzlicher Basis
- ullstein.de/nachhaltigkeit

MIX
Papier
FSC FSC® C014496

Propyläen ist ein Verlag der Ullstein Buchverlage GmbH
www.propylaeen-verlag.de

ISBN 978-3-549-10083-7

Gesetzt aus der Arno Pro
Satz und Repro: LVD GmbH, Berlin
Druck und Bindearbeiten: GGP Media GmbH, Pößneck